Über Leben

Alfons Mais (Hg.)

ÜBER LEBEN

VERSEHRTE IM HEER ZWISCHEN PFLICHTGEFÜHL, ANGST UND HOFFNUNG

BeBra Verlag

GRUSSWORT

Sehr geehrte Leserinnen, sehr geehrte Leser,

Sie halten ein besonderes Buch in Ihren Händen. Es freut mich sehr, dass Sie sich entschieden haben, Ihre Zeit mit der Lektüre zu verbringen. Sie werden es sicher nicht bereuen. Denn dieses Buch bietet Ihnen einen Einblick in die Gedankenwelt jener, die sich entschieden haben, ihrem Land zu dienen, und die dafür einen hohen Preis gezahlt haben. Mit dem Lesen dieses Buches unterstützen Sie unser Vorhaben, diesen Frauen und Männern eine vernehmbare Stimme in den Streitkräften und in unserer Gesellschaft zu geben. Dafür danke ich Ihnen von Herzen.

Verwundung, Tod und die Auseinandersetzung mit diesen hochsensiblen Themen gehören unweigerlich zum Soldatenberuf. Dies sollte allen Soldatinnen und Soldaten, allen Politikern, die uns für unser Land in die Einsätze schicken, und auch allen Bürgerinnen und Bürgern bewusst sein. Zugleich ist die Befassung mit Tod und Verwundung schwierig. Dabei ist die Beschäftigung mit dem Tod von Soldaten schon lange Teil nationaler Erinnerungskulturen weltweit, wie sie etwa in Denk- und Ehrenmälern zum Ausdruck kommt. Deutsche Beispiele dafür sind etwa das Ehrenmal der Bundeswehr am Bundesverteidigungsministerium in Berlin, der Wald der Erinnerungen am Einsatzführungskommando in Potsdam oder das Ehrenmal des Deutschen Hee-

Generalleutnant Alfons Mais, Inspekteur des Heeres

res in der Festung Ehrenbreitstein in Koblenz; Orte, deren Besuch sich lohnt. Das Deutsche Heer gedenkt der Gefallenen, es vergisst keinen einzigen.

Für Verwundungen an Körper und Seele gibt es so etwas nicht. Während die geschundene Seele selten öffentlich sichtbar ist, sind Verstümmelungen, fehlende Gliedmaßen und andere gravierende Verwundungen nur mit einiger Anstrengung zu verstecken. Schamgefühl und Unsicherheit sind häufig mit dem Thema verbunden. Scham auf der Seite derer, die ihre Gesundheit im Dienst für das Vaterland verloren haben, und Unsicherheit auf der Seite der Gesellschaft. Die Folgen sind allzu oft Isolation und dann das Vergessen. So wie das Leiden der »Kriegszitterer«, das erstmals nach dem Ersten Weltkrieg beobachtet wurde, verdrängt und vergessen wurde. Das Phänomen kam erst mit Fällen von posttraumatischer Belastungsstörung (PTBS) wieder in das gesellschaftliche Gedächtnis. Versehrte verdienen unseren sichtbaren Respekt. Veranstaltungen wie die Invictus Games begrüße ich daher sehr. Die Teilnehmerinnen und Teilnehmer stehen stellvertretend für viele Menschen. Die Kameradinnen und Kameraden, aus welcher Nation auch immer, haben sich ins Leben zurückgekämpft. Ein Kampf, der häufig unsichtbar bleibt. Ein Kampf, der vielfach von außen nur schwer nachempfunden werden kann. Dabei ist gerade auch unsere Organisation, insbesondere in der Anfangszeit, vor neue Herausforderungen gestellt worden. Wir haben viel gelernt und uns kontinuierlich weiterentwickelt im Umgang mit der Thematik. Dabei sind wir noch nicht am Ziel, aber den eingeschlagenen Weg werden wir konsequent weiterverfolgen. Diesem Anliegen dient auch dieses Buch.

Ein Buch, in welchem versehrte Menschen aus unserer Mitte, aus dem Heer selbst zu Wort kommen. Auf den nächsten Seiten schildern Individuen – Persönlichkeiten – ihre Geschichten. Wir lassen bewusst den Versehrten Raum, ihre Lebensgeschichte aus ihrer ganz individuellen Sicht zu erzählen. Denn nur das unverfälschte Bild lässt uns zumindest teilweise verstehen, welche Verantwortung wir als Heer, Streitkräfte, aber auch als Gesellschaft haben. Sie werden lesen, was diesen Menschen widerfahren ist, wie sie an Körper und Geist beschädigt wurden und wie Familien, Kameradinnen und Kameraden und auch Institutionen damit umgegangen sind. Was unsere Kameradinnen und Kameraden hier schreiben, bewegt mich immer noch sehr, einiges macht mich nachdenklich. Ihre Geschichten sind für mich Ansporn, weiter am Weg der Klarheit und Wahrheit festzuhalten. Nur was wir deutlich ansprechen, werden wir auch ernsthaft angehen.

Heute stehen wir in einer neuen Zeit. Der Krieg ist nach Europa zurückgekehrt. Wieder treffen Großverbände aufeinander. Täglich fallen Hunderte oder werden an Körper und Geist geschädigt. Wir sind gezwungen, uns wieder auf die Landes- und Bündnisverteidigung vorzubereiten. Das fordert uns auf vielen Ebenen. Es fordert von uns auch eine intensivere Auseinandersetzung mit den Tragödien und menschlichen Konsequenzen eines Krieges, wie wir ihn derzeit jenseits unserer Bündnisgrenzen erleben. Wie halten wir es eigentlich mit der Versorgung, Betreuung und Rehabilitierung unserer Kameradinnen und Kameraden in der Praxis?

Wir haben einen langen Weg hinter uns, seit der Kosovo-Einsatz 1999 uns alle wieder mit Tod und Verwundung konfrontierte. Der Krieg in Afghanistan und seine Konsequenzen für viele unserer Kameradinnen und Kameraden haben die Öffentlichkeit bewegt. Seitdem ist vieles besser geworden, aber nicht alles ist gut. Wir müssen weiter daran arbeiten.

Das Heer vergisst nicht; nicht seine Toten und auch nicht seine Versehrten.

Ihr
Alfons Mais
Inspekteur des Heeres

EIN BESONDERER AUFTRAG

Aufträge kann man sich häufig nicht aussuchen. Sie werden erteilt und nach bestem Wissen und Gewissen ausgeführt, meist ohne bleibende Eindrücke auf die Ausführenden. Der Auftrag des Inspekteurs des Heeres an uns, dieses Buch zusammenzustellen, war von Anfang an anders. Als Offiziere, Unteroffiziere und Mannschaftssoldaten einer Kommandobehörde standen wir vor vielen Fragen: Wie gehen wir mit Soldatinnen und Soldaten um, die bei der Ausübung ihrer Pflicht an Körper oder Geist Schaden erlitten haben? Wie das Erlebte auf nur wenigen Seiten unterbringen? Wie unseren Kameradinnen und Kameraden gerecht werden, die sich freiwillig zu dem Schritt entschlossen haben, zutiefst Privates von sich preiszugeben?

»Sich Zeit zu nehmen, ist entscheidend«, schreibt Gregor Ballsieper, als Kompaniefeldwebel ein Beitragender in diesem Buch, so treffend. Genau das haben wir auf verschiedenen Ebenen getan – vom Konzept bis zum Druck steht das Buch am Ende einer 20-monatigen Bearbeitungszeit. Viele lange Gespräche wurden geführt. Zunächst über Videotelefonie, später auch persönlich mit den Kameraden vor Ort. Dazu Gespräche mit Fachleuten – Ärzten, Psychologen und Seelsorgern. So unterschiedlich wie die Menschen in diesem Buch sind auch ihre Lebensgeschichten, wenngleich es einige verbindende Elemente gibt. Diese Individualität, die sich in der Unvergleichbarkeit der Erfahrung ausdrückt, haben wir als Maßstab für die Texte genommen. Wie sollten auch individuelle Erfahrungen in das Korsett einer strikten Form und festen Zeichenanzahl gepresst werden können? Das wird weder dem Thema noch den Versehrten gerecht. So entstanden 17 nicht nur inhaltlich, sondern auch in ihrer Form unterschiedliche Artikel. Einige sind als Erlebnisberichte direkt von den Betroffenen geschrieben worden. Andere wurden als Interview, als Ich-Erzählungen oder als Berichte verfasst. Jeder Beitrag steht für die Person, die berichtet, für ihre individuelle Perspektive und ein Stück ihrer Lebensgeschichte. Sie entschieden bis auf das letzte Wort über den Inhalt. Wir haben schlicht unsere Unterstützung angeboten, wo sie gefragt war.

Auch wenn wir nur redaktionell in Erscheinung traten, so wird uns allen, die an diesem Buch mitgearbeitet haben, dieser Auftrag unvergessen bleiben. Wenn die Augen desjenigen, der uns seine Lebensgeschichte und seine Gedanken anvertraute, sich beim Erzählen mit Tränen füllten, seine Stimme brach oder sein Blick in die Ferne abdriftete, dann spürten wir unsere Verantwortung ihm gegenüber. Wir hoffen, dass wir dieser Verantwortung gerecht geworden sind.

Das Redaktionsteam

ZUM GELEIT

General a. D. Markus Kneip war bis zum 30. September 2020 Soldat. Zuletzt begleitet er den Dienstposten des Chefs des Stabes beim Supreme Headquarters Allied Powers Europe (SHAPE).

Dieses Buchprojekt verdient besondere Aufmerksamkeit. Ich danke für die Möglichkeit, dazu einen kleinen persönlichen Beitrag leisten zu können. Dank geht an den Inspekteur des Heeres für seine Initiative zu diesem Buch, an das Redaktionsteam des Kommando Heer für die inhaltliche Begleitung aller Beiträge. Besonderer Dank gebührt allen Verfasserinnen und Verfassern von Artikeln und Interviews, für mutige, anregende, persönliche Beiträge.

Für mich ist es eine Ehre und zugleich besondere Verpflichtung, einige persönliche Gedanken an den Anfang des Buches zu stellen. Sie werden gewiss fragen, warum. Möglicherweise weil ich selbst betroffen war und bin: Ich wurde schwer verletzt im Straßenverkehr auf dem Weg zur Arbeit im täglichen Dienst, wurde schwer verwundet im Einsatz, war viele Jahre verantwortlich als Führer von Soldaten in Deutschland und im Einsatz, war oft Verantwortlicher für Einsatzvorbereitung, Ausbildung, Einsatzplanung und Einsatzdurchführung, war besorgt als Vater eines Sohnes im Auslandseinsatz, war erschüttert vom Tod und schweren Verwundungen von Kameradinnen und Kameraden neben mir, Angehörigen der Bundeswehr wie von Streitkräften anderer Nationen. Doch halt – ich will hier nicht weiter über mich, sondern über unsere betroffenen Soldatinnen und Soldaten, ehemalige wie aktive, Versehrte und Verwundete sprechen.

Unser Anspruch und unsere Verpflichtung in der Bundeswehr ist es, die Soldatinnen und Soldaten bestmöglich ausgerüstet und ausgebildet in den Einsatz zu entsenden. Dies wird zusammengehalten im wahrsten Sinne des Wortes durch »gute Führung«. Diese verbindet das Sich-Kümmern um den einzelnen Soldaten mit den soldatischen und staatsbürgerlichen Grundrechten und -pflichten und dem Einsatzauftrag. Wir fordern für die einsatzorientierte und einsatzbereite Bundeswehr den voll einsatzfähigen, gesunden, mental wie psychisch stabilen, gut vorbereiteten sowie motivierten Soldaten. Passiert etwas in dem grundsätzlich gefährlichen Soldatenberuf, sei es im Tagesdienst, in der Ausbildung, während der Übungen, in der Einsatzbereitschaft oder im Einsatz, dann muss alles getan werden, die verletzten, verwundeten oder geschädigten Soldatinnen und Soldaten so rasch und so gut wie möglich zu retten und zu bergen, zu stabilisieren, zu versorgen, zu betreuen.

Am 28. Mai 2011 wurde Kneip als Regionalkommandeur ISAF Nord bei einem Sprengstoffattentat in der nordafghanischen Provinz Thakar schwer verwundet. Zwei deutsche Kameraden kamen bei dem Anschlag ums Leben.

Jedoch – die Verantwortung der Vorgesetzten, Kommandeure, Chefs und Führer aller Ebenen, endet hier nicht. Denn Genesung, Reha, Therapie, Betreuung und Fürsorge, Versorgung sowie der Umgang mit Angehörigen sind keine alleinige Verantwortung der so wichtigen und von mir hochgeschätzten Ärzte, Krankenpfleger, des Sozialdienstes, der Lotsen, der Personalfachleute und vieler anderer mehr. Ich möchte diesen Menschen an dieser Stelle ausdrücklich danken für ihren unermüdlichen und zugleich wertvollen Dienst. Besonders hervorheben möchte ich beispielsweise die unschätzbare Arbeit der Lotsen, die Einsatzgeschädigten als Zuhörer, Partner, Kamerad und Helfer zur Seite stehen.

Militärische Führer sind und bleiben weiterhin gefragt und gefordert! Sie haben die Soldatinnen und Soldaten vorbereitet, ausgebildet und geführt, da ist es folgerichtig und ethisch geboten, diese umfassende Verantwortung über den Eintritt einer Schädigung, Verletzung, Verwundung oder Beeinträchtigung an Leib und Seele hinaus auf die schwere und belastende Zeit danach auszudehnen. Es ist offensichtlich und sollte uns allen bewusst sein, dass Personalwechsel, häufige örtliche und organisatorische Veränderungen in den Werdegängen und in der Bundeswehr insgesamt, Bürokratie, Statusfragen, Altersgrenzen, Rechtssicherheit oder Rückversicherungsdenken, aber auch berechtigte Interessen der Betroffenen wie Datenschutz und ärztliche Verschwiegenheit Hemmnisse sind für ein umfassendes und rasches, kontinuierliches Sich-Kümmern. Es ist jedoch klar: Wer fordert, muss sich auch kümmern!

Über die motivierende Wirkung des Sich-Kümmerns hinaus für den einzelnen Betroffenen ist dies eine Frage guter Organisationskultur und soldatischen Selbstverständnisses. Es wird keiner zurückgelassen, keiner vergessen, nicht im Einsatz, nicht zu Hause.

Der Bedarf der Geschädigten und Versehrten umfasst neben gesundheitlichen Fragen von Leib und Seele vor allem materielle Angelegenheiten, sehr deutlich aber auch notwendige Empathie und Zuwendung. Hier ist die Kameradschaft der Rahmen, der Gespräche ermöglicht, der durch gleichen Zeichenvorrat und gemeinsamen Erlebnishintergrund eine direkte und unkomplizierte An- und Aussprache zulässt. Die besten Gesprächspartner sind diejenigen, die ähnliches erlebt haben und idealerweise aus demselben Verband, derselben Kompanie, demselben Zug oder Trupp, derselben Staffel oder Besatzung oder aus dem eigenen Team oder der eigenen Crew kommen.

Die Bundeswehr ist hier im Laufe der Jahre einen weiten Weg gegangen, von der Verbesserung der materiellen Absicherung bis zu Betreuungs- und Statusfragen. Ich erinnere mich, es war die Zeit des beginnenden KFOR-Einsatzes im Kosovo, damals war ich Oberstleutnant und Adjutant beim Inspekteur des Heeres, wie ich in Begleitung des Inspekteurs zum Bundeswehrkrankenhaus Koblenz fuhr. Dort war gerade ein Unteroffizier aus dem Kosovo schwer verwundet eingeliefert worden (Verletzungen an den Beinen durch Antipersonenmine, Unterschenkel verloren). In diesem Buch kreuzen sich unsere Wege wieder. Sie können die Geschichte des heutigen Stabsfeldwebel Jens Ruths auf den folgenden Seiten lesen. Obwohl wir früh dort waren, konnten wir nicht verhindern, dass die Bürokratie schneller war: Zulagen wie Außendienst-, Einsatz- oder Springerzulage wurden dem verletzten Kameraden noch am Krankenbett rasch schriftlich aberkannt. Berichtet wurde dies prompt in der überregionalen Presse, als Skandal, Empörung und Verwunderung auslösend.

Es war danach noch ein sehr weiter Weg bis zum heutigen Stand, beispielsweise mit dem Einsatzweiterverwendungsgesetz. Vieles wurde geschaffen oder deutlich verbessert. Dies reicht von finanziellen Regelungen und Versicherungsfragen über Organisation, Dienstpostenausstattung, Schulungen und Weiterbildungen, besondere Einrichtungen wie beispielsweise den Beauftragten des Bundesministeriums der Verteidigung für posttraumatische Belastungsstörungen (PTBS) bis zu den Lotsen, dem Bundeswehrsozialdienst und dem Förderverein zur Unterstützung der Arbeit mit Versehrten am Standort Warendorf (FUAV). Die Teilnahme von einigen sportlich herausragenden versehrten Soldaten bei den Invictus Games ist ein weiteres Beispiel.

Lassen Sie uns eine Klammer um all dies setzen: Diese Klammer sehe ich in der Empathie und der zugewandten Anerkennung, die wir geschädigten/versehrten Kameradinnen und Kameraden sowie ihren Angehörigen entgegenbringen müssen. Es geht stets vor allem um praktikable, machbare Lösungen für den einzelnen, rasche Hilfe, die ankommt, aber auch um das einfache Zuhören. Es geht um unsere Kameraden und um Kameradschaft.

Ich möchte den beitragenden Autoren aus den Reihen der betroffenen aktiven und ehemaligen Soldatinnen und Soldaten sowie ausgewählten Führungs- und Fachkräften für ihre Artikel sowie den Interviewten für die Offenheit danken. Den Leserinnen und Lesern dieses Buches wünsche ich vielfältige Erkenntnisse und Anstöße, unter anderem für die weitere Arbeit.

Markus Kneip
General a. D.

POSTTRAUMATISCHE BELASTUNGSSTÖRUNG

Ein Überblick von Generalarzt Dr. Hoffmann

Bei den Auslandseinsätzen der Bundeswehr erleiden immer wieder Soldatinnen und Soldaten der Bundeswehr einen einsatzbedingten gesundheitlichen Schaden. Dann kommt es darauf an, alles zu tun, was möglich ist, um die Betroffenen so zu versorgen, dass sie schnell gesund werden und wieder ein normales Leben führen können. Das sind wir alle den Betroffenen schuldig, die in Ausführung ihres Dienstes zu Schaden gekommen sind.

Neben Verletzungen und Verwundungen sind in der Bundeswehr psychische Folgeerkrankungen die häufigste Folge von Einsatztraumatisierungen. Hier sind besonders einsatzbedingte posttraumatische Belastungsstörungen – kurz PTBS – hervorzuheben, die dadurch gekennzeichnet sind, dass die Betroffenen die traumatisierenden Ereignisse nicht verarbeiten können und im Kopf immer wieder erleben, oft durch eine Erinnerung an das Ereignis ausgelöst, einen sogenannten Trigger. Um dies zu vermeiden, versuchen die Betroffenen alles zu umgehen, was sie an das Trauma erinnert, isolieren sich zunehmend und weichen, wo immer möglich, allen belastenden Situationen aus. Das führt oft zu Schwierigkeiten im Beruf, in der Familie und im Freundeskreis, häufig begleitet von Schlafstörungen, Angstgefühlen, Depressionen und Suchtmittelmissbrauch.

Dabei entwickeln sich die Symptome meistens schleichend mit einem verzögerten Verlauf, sodass die Diagnose in ungünstigen Fällen erst Jahre nach dem Trauma gestellt wird. So erkranken jedes Jahr noch immer etwa 200 aktive oder ehemalige Soldatinnen und Soldaten neu an einer PTBS, obwohl die Einsatzzahlen seit Jahren eher rückläufig sind. Seit Beginn der statistischen Erhebung der Erkrankungszahlen in der Bundeswehr im Jahr 2012, wurde so bei mehr als 2.000 Betroffenen eine einsatzbedingte PTBS festgestellt, wobei leider von einer großen Dunkelziffer ausgegangen werden muss.

Geht es einem ehemaligen Einsatzteilnehmer psychisch schlecht, so kann er sich an einen Sanitätsbereich der Bundeswehr in einer Kaserne wenden oder über die PTBS-Hotline der Bundeswehr, die zentrale Ansprech-, Leit- und Koordinierungsstelle des Personalamtes (ZALK) bzw. die Hotline des PTBS-Beauftragten Hilfe holen. Die Nummern dazu finden sich unter der Internetadresse www.PTBS-Hilfe.de.

Wurde die Diagnose gestellt, kommt es darauf an, eine umfassende Betreuung und Versorgung der Betroffenen sicher zu stellen. Wird eine einsatzbedingte Gesundheitsschädigung festgestellt, besteht in Deutschland durch das sogenannte Einsatzweiterverwendungsgesetz die Möglichkeit, die Betroffenen unter einen Schutzschirm zu stellen, um ihnen, wo immer dies möglich erscheint, die Zeit zu geben, sich auf die Gesundung und Rehabilitation zu konzentrieren. Für noch aktive Soldatinnen und Soldaten wird dazu eine Schutzzeit eingerichtet und Ehemalige können dazu wieder in die Bundeswehr aufgenommen werden. In der Schutzzeit können die Betroffenen nicht entlassen werden, erhalten weiter ihr Gehalt als Soldaten und werden umfassend versorgt.

Die Bundeswehr hat in den letzten Jahren zu diesem Zweck ein immer umfassenderes Netz an Hilfestrukturen aufgebaut, das auch benötigt wird, um den Betroffenen erfolgreich zu helfen. Es beinhaltet als niedrigschwellige Ansprechstellen haupt- und nebenamtliche Lotsen an den meisten Standorten der Bundeswehr, die die Betroffenen auf dem komplizierten Weg der Gesundung und Wiedereingliederung begleiten und die Brücke zu den Angehörigen des »Psychosozialen Netzwerkes« am Standort schlagen. Dieses Netzwerk umfasst neben den Angehörigen des Sanitätsdienstes die Psychologen der Bundeswehr, die Angehörigen des Sozialdienstes der Bundeswehr und der Militärseelsorge.

Alle gemeinsam stellen die medizinische Behandlung sowie die psychologische, seelsorgerische und sozialdienstliche Unterstützung sicher. Darüber hinaus ist es von großer Bedeutung, dass trotz aller Probleme vorhandene unsichtbare und isolierende Barrieren eingerissen und die Betroffenen durch ihre Familien und Freunde sowie ihr dienstliches Umfeld aktiv unterstützt werden. Dieses Aufeinander-Zugehen und die so geleistete Hilfe sind von

großer Bedeutung für die Betroffenen, die sich oft in einer echten Notsituation befinden, sehr unter ihrer Erkrankung leiden und mit ihrem Leben nicht mehr zurechtkommen. Dabei sind die nächsten Angehörigen meistens durch die psychische Erkrankung der einsatzgeschädigten Soldatinnen und Soldaten mit betroffen und müssen ebenfalls unterstützt werden, zum Beispiel durch Mitbehandlung oder familientherapeutische Maßnahmen.

Die medizinische Behandlung der Erkrankten umfasst, nach einer ersten Diagnosestellung durch Wehrpsychiater, in der Regel zunächst stabilisierende und dann traumatherapeutische stationäre und ambulante Behandlungen. Diese können zum Teil, gerade bei langen, chronischen Verläufen, mehrere Jahre dauern, sind aber bei den meisten Betroffenen so erfolgreich, dass sie zumindest gesundheitlich stabilisiert einer beruflichen Tätigkeit nachgehen und wieder ein weitgehend normales familiäres und soziales Leben führen können. Idealerweise werden mit den Betroffenen dabei von Anfang an Rehabilitationsziele und -schritte abgestimmt, um so die Behandlung zu strukturieren, ohne die notwendige Flexibilität aufzugeben, die aufgrund der sehr individuellen Heilungsverläufe erforderlich ist.

Medizinisch wird die Behandlung kontinuierlich weiterentwickelt, zum Beispiel durch tiergestützte Therapie mit Pferden, Kunsttherapie oder spezielle Therapieansätze bei moralischen Verletzungen mit psychischen Folgeschäden.

Sozialdienstlich ist die Unterstützung der Betroffenen bei allen Verwaltungsangelegenheiten, z. B.

bei Anträgen, Leistungen zum Lebensunterhalt oder der Unterstützung beim Schuldenabbau von großer Bedeutung. Diese sind oft komplex, umfangreich und nicht nur für psychisch Kranke verwirrend. Ohne diese Hilfe kann eine sichere Umgebung für die Betroffenen nicht geschaffen werden, die so dringend benötigt wird, damit sich die Einsatzgeschädigten auf ihre Gesundung und Rehabilitation konzentrieren können. Daher kann die sozialdienstliche Unterstützung gar nicht wichtig genug eingeschätzt werden.

Ergänzt werden diese Maßnahmen durch den psychologischen Dienst und die Militärpfarrer. Gerade wenn es um Verletzungen der Seele geht und zum Beispiel die medizinische Therapie sehr belastend ist, ergänzen diese den Rehabilitationsprozess durch zielgerichtete Angebote, die sich häufig auch an Familienangehörige wenden bzw. diese mit einbinden.

Darüber hinaus setzen sich zahlreiche zivile Verbände, Vereine und Stiftungen für einsatzgeschädigte Soldatinnen und Soldaten ein. Sie haben sich in einem »Netzwerk der Hilfe« zusammengeschlossen und helfen oft dort rasch und unkompliziert, wo die offizielle Unterstützung durch die Bundeswehr nicht zur Verfügung steht, zu langsam oder unzureichend ist.

Insgesamt steht also ein umfassendes Instrumentarium zur Verfügung, um den Betroffenen zu helfen, das aber weiter verbessert werden muss, um wirklich alle Erkrankten zu erreichen.

Zusammenfassend ist festzuhalten, dass psychische Erkrankungen nach Traumatisierungen im Einsatz für Bundeswehrangehörige eine schwerwiegende Folge sind, die nur bewältigt werden kann, wenn der oder die Betroffene und alle Stellen eng und Hand in Hand zusammenarbeiten. Die immer noch vorhandene Stigmatisierung psychischer Erkrankungen muss überwunden und weiter Schritt für Schritt durch eine Kultur des Respektes, des Bewusstseins, der Zuwendung und des Hinschauens ersetzt werden. Dann wird die Bundeswehr ihrer Fürsorgeverantwortung gerecht.

In der Materialbewirtschaftung hat
Oberstabsgefreiter Patrick Popiolek
seine Bestimmung gefunden.

»ICH WAR ZU JUNG«

Für den Einsatz braucht man auch psychische Stärke

Zum 1. Oktober 2006 kam ich als Wehrpflichtiger zum Bund, weil ich die Erfahrung machen wollte. Sehr früh bewarb ich mich als freiwillig Wehrdienstleistender (FWDL) für 23 Monate. Nach der Grundausbildung, im Januar 2007, ging es schon in die Planung und Vorausbildung für den Einsatz. Ich setzte mich damit auseinander, sprach mit der Familie. Es gab Pro und Kontra in den Medien; ich wollte mir meine eigene Meinung bilden. Wir sollten uns vorbereiten und ein Testament schreiben. Ich akzeptierte die möglichen Gefahren und verpflichtete mich für vier Jahre, weil es ungern gesehen war, dass man als FWDL in den Einsatz ging.

Heute bin ich der Meinung, dass man keinen unter 25 in den Einsatz schicken sollte. Ich war zu jung, und ich ging mit falschen Erwartungen hin. Ich hatte die Filme gesehen, die damals herauskamen: Man geht hin, alles läuft gut, und nach ein paar Tagen ist man wieder hier. Ich habe meinen Geburtstag, Weihnachten, Silvester und beinahe Ostern dort verbracht. Das Einzige, was ich groß gefeiert habe, war der Flieger nach Hause. Trotzdem bereue ich es nicht, dass ich den Einsatz gemacht habe.

GROSSE KONTRASTE ZWISCHEN DEN EINSÄTZEN

Im Afghanistan-Einsatz war ich in der Schutzkompanie eingesetzt, als Richtschütze und Kraftfahrer auf Fuchs und Dingo. Alarm, Feindangriffe auf das Lager, Ansprengungen, Airfield-Absicherung – da war man dauernd »unter Feuer«. Im Kosovo war ich von Januar bis August 2009, das war recht lang. Dort war ich im AV-Zug eingesetzt. Da war das so: »Fahrt Patrouille, macht Gesprächsaufklärung, aber denkt dran: Nicht schneller als 60 fahren, die Feldjäger blitzen wieder.« Im Kosovo war alles ein bisschen

Oberstabsgefreiter Patrick Popiolek ist 37 Jahre alt. Als Panzergrenadier war er in Afghanistan und im Kosovo. Heute ist er Materialbewirtschafter im Kommando Heer in Strausberg. Als Folge seiner Auslandseinsätze leidet er an PTBS. Sein größter Kummer ist, dass er nie mit seiner Tochter zum Jahrmarkt gehen kann – seine Krankheit erlaubt es ihm nicht, sich in Menschenmengen aufzuhalten.

Mit dem Boot auf dem Wasser – das sorgt für die Entspannung und Entschleunigung, die Patrick Popiolek für seine Gesundheit braucht.

IN DER HEIMAT KAM DER KULTURSCHOCK

Im Einsatz habe ich die Tragweite der Geschehnisse noch gar nicht verstanden. Das Schlimmste war, wenn sie auf uns geschossen haben. Es war die Hölle. Es hat mich auch belastet, wie die Menschen dort miteinander umgehen, seien es die Warlords, die die Dörfer unterdrücken, während du selbst zu unterstützen versuchst. Die Menschen dort wollen nur glücklich leben, die sind mit wenig Geld zufrieden.

Zurück in Deutschland fragte ich mich: Was stimmt mit der Gesellschaft hier nicht? Wir in unserer Konsumgesellschaft sind zutiefst unglücklich, wollen immer irgendwas erreichen, alles wegschmeißen und neu kaufen. Das war für mich der größte Kulturschock. Persönlich empfand ich es nun als Stress, nach Dienst die alltäglichen Aufgaben des Privatlebens lösen zu müssen, um die ich mich im Einsatz nicht kümmern musste.

DIE NACHSORGE WAR DÜRFTIG

Die Nachsorge habe ich nach beiden Einsätzen als dürftig empfunden. Der Moderator gab sich zwar Mühe und der Standortpfarrer stellte zwei, drei Kisten Bier hin. Das ist ja alles schön und gut, aber ich empfand es als unzweckmäßig, eine Truppe nach monatelangem Einsatz für ein Seminar in eine Jugendherberge einzupferchen.

Die Prävention war okay; ich wüsste nicht, wie man es damals hätte besser machen können. Aber die Nachsorge bestand nur aus Fragen wie: »Geht

low-level, da haben sie 2009 angefangen, mal einen Tag in Zivil rauszugehen oder mal was Alkoholfreies trinken zu gehen.

Für mich war Kosovo auch herausfordernd, von den Aufträgen her. Aber als Einsatz? Da war für mich immer die Frage: Wann geht es wieder zurück nach Afghanistan für mich? War Kosovo nur eine Vorbereitung, um wieder nach Afghanistan zu gehen? Ganz einfach, um zu sehen: Da ist Einsatz, da soll man kämpfen, da macht der Soldat Sinn? Ich habe den Kosovo-Einsatz nur genutzt, um wieder runterzukommen.

es Ihnen gut? Alle Finger dran? Hörsturz?« Mir hat mal einer gesagt: »Alles, was man bei dir nicht sehen kann, hast du auch nicht.« Also schluckte ich die Gefühle runter, die ich hatte und die erst Jahre später kamen.

Die ersten Symptome traten 2010 bei mir auf, drei, vier Jahre nach dem Einsatz. Ich stritt mich mit Kameraden und Vorgesetzten, war verbal aggressiv und nicht mehr ausgelastet. Ich fing morgens um sechs an und arbeitete bis abends um acht, das störte niemanden. Die Vorgesetzten waren froh, dass die Aufgaben erledigt wurden. Ich habe einfach nur noch funktioniert. Meine wirklichen Probleme habe ich verdrängt.

DAS SCHAMGEFÜHL ÜBERWINDEN

Es war nicht einfach, daran zu arbeiten. Das Scham-gefühl war groß, bei den Grenadieren sowieso. Es war mir unangenehm, als gestandener junger Mann Mitte 20 zu sagen: »Ich komme mit meinem Leben nicht mehr klar.« Die dienstlichen Konsequenzen waren mir zu groß. Ich hatte definitiv eine Ein-schränkung, die ich nicht zugeben wollte.

2010, ein halbes Jahr nach unserer Hochzeit, war meine Frau an einem Punkt, wo sie mir nicht mehr helfen konnte, ohne dass ich zum Arzt ging. Sie half mir, an meine Zukunft zu denken – und meine Zukunft ist meine Familie. Ich hatte verstanden, dass der Einsatz etwas mit mir gemacht hatte, dass ich nun professionelle Hilfe brauchte und dass ich dafür »die Hose runterlassen« musste.

> ## » MEIN PAPA IST AUCH KRANK. DAS KANN MAN ABER NICHT SEHEN. «
>
> (TOCHTER SVEA, 10 JAHRE)

Ich ging also zum Arzt, dachte aber noch, da käme eh nichts raus. Aber ich hatte mich getäuscht. Nach drei, vier Fragen, die ich beantworten musste, sagte der Arzt: »Sie haben ein größeres Problem. Ich möchte das gerne von Fachärzten im Bundeswehr-krankenhaus (BWK) überprüfen lassen. Bis dahin schreibe ich Sie krank.« Ich fragte: »Was darf ich denn noch machen?« »Ganz einfach: essen, trinken, Spaß haben.«

»SCHEMA F« REICHT NICHT

2011 war ich das erste Mal im BWK. Die Therapeuten dort unterstützten gut, aber es kam mir teilweise vor wie »Schema F«. Dafür ist eine PTBS zu vielfältig: Der eine hat nur ein kleines Problem, der andere kommt mit seinem Leben nicht mehr klar. Ich war suizidgefährdet, wie man später feststellte. Ich konnte nicht mehr rausgehen, nicht mit dem Bus fahren, nicht einkaufen gehen. Ich war komplett in meiner eigenen Welt, habe mich nur noch eingeschlossen und gearbeitet. Glücklicherweise durfte ich mir eine zivile Therapeutin suchen, die mich bis 2019 begleitet hat. Ihr habe ich viel zu verdanken. Sie war objektiv, hat mich auch ein-, zweimal gemaßregelt, aber vor allem aufgebaut.

Von meiner Grenadierlaufbahn musste ich mich nun verabschieden. Nach einem Truppenpraktikum im Wachbataillon arbeitete ich dort ab 2011 als Materialbewirtschafter. 2014 näherte sich mein Dienstzeitende. Ich konnte aber nicht entlassen werden, weil ich nicht gesund war und noch regelmäßig zum Arzt und zu meiner Psychologin gehen musste. So wurde ich in ein Wehrdienstverhältnis besonderer Art eingestellt.

ZWEI STUDIENGÄNGE ABGEBROCHEN

Nach einem Gespräch beim Berufsförderungsdienst und einem Studienvorbereitungskurs studierte ich dann an der Beuth-Hochschule für Technik in Berlin computergesteuerte und angewandte Mathematik. Das hat Superspaß gemacht, bis dahin alles bestanden. Doch dann kam ein neuer Arzt im BWK auf mich zu und erklärte mir, dass ich ohne Abschlussgutachten nicht entlassen werden könne; dazu müsse ich mich stationär gründlich durchchecken lassen. Die ersten drei Termine, die er mir machte, verdrängte ich irgendwie. Ich hatte Angst. Dann überwand ich mich und ging in den Semesterferien hin. Geplant waren zwei Wochen, es wurden aber fünf. Als Ergebnis musste ich mein Studium abbrechen; es hieß, ich sei noch nicht ausbildungs- oder wehrfähig.

Ich erinnerte mich an meinen Versetzungsantrag, sprach nochmal im Verteidigungsministerium vor, beim PTBS-Beauftragten, schrieb wieder an alle Stellen. So fand ich mich im Kommando Heer wieder, in der Rechtsabteilung. Das machte mir Spaß. Ich war nur ein bisschen traurig wegen meines Studiums, dass ich das nicht durchziehen konnte. Dann wurde ich ins Auswärtige Amt geholt, ins Referat SSR (Sicherheitssektor-Reform) für Afrika und die ganze Krisenkurve (Iran, Irak, Afghanistan). Der Abteilungsleiter dort sagte: Zahlen, Tabellen und Akribie, das sei meins, und ich solle auf jeden Fall nochmal studieren und einen vernünftigen Abschluss machen, um da weiterzukommen.

Dann hatte ich die Möglichkeit, über das Bundeswehrdienstleistungszentrum in Berlin an der Hochschule des Bundes in Mannheim zu studieren, auf einem Sonderposten als PTBS-Geschädigter. Nach zwei Semestern brach ich aber auch dieses Studium ab. Meine Erkrankung machte mir einen Strich durch die Rechnung. Und zwar nicht, weil ich es nicht konnte – ich hatte gute Noten –, sondern weil die Verwaltung dort mit mir als Einsatzgeschädigtem nicht klarkam, und das behinderte mich im Studium.

ENDLICH DIE RICHTIGE VERWENDUNG GEFUNDEN

Ich musste an meine Absicherung denken. So ging ich in die Rechtsabteilung im Kommando Heer zurück und beschloss, einen Antrag auf Berufssoldat

Mit den Fahrzeugen raus, dauernd in Gefahr: Das war der Alltag im Afghanistan-Einsatz.

in der Mannschaftslaufbahn zu stellen. Schon bald fragte mich meine Kommandantin: »Sie sind doch aus dem Bereich Versorgung? Wir haben Bedarf. Hätten Sie Lust zu unterstützen?«

So bin ich nun seit 2020 im Stabsquartier im S4-Bereich aufgehangen. Der Weg zum Berufssoldaten war erneut eine große Hürde: wieder Hosen runterlassen, zu sämtlichen Ärzten fahren, psychologischer Test mit vielen Fragen. Aber dann hat alles gepasst, auch aufgabentechnisch hier im Bereich der Materialbewirtschaftung. Ich kann mich in SAP austoben und Inventuren fahren. Hier ist kein Tag wie der andere. Jeder hier kennt meine Einschränkungen, und ich habe gelernt, damit umzugehen. Ich darf zwar nicht schießen und nicht auf Truppenübungsplätze, aber abgesehen davon möchte ich nicht wie ein rohes Ei behandelt werden. Ich bin Soldat, das ist mein Beruf. In meinem Bereich kann man sich auf mich verlassen. Es macht mir Spaß. Ich bin nach wie vor in Behandlung. Ich habe viel durchgemacht. Aber ich bereue es nicht, dass ich in den Einsätzen war. Ich war nur zu jung, definitiv.

Oberstabsfeldwebel Meik Briest
bei seiner heutigen Tätigkeit.

DIE VERSEHRUNG SCHAUT JEDEN MORGEN AUS DEM SPIEGEL

Ein explodierendes Kampfmittel verletzte Meik Briest schwer im Gesicht

Mit der Bundeswehr und der Auftragstaktik könne er sich sehr gut identifizieren, sagt Meik Briest. »Das war bei der NVA und ihrem Bezug zur Sowjetunion anders. Vor allem mit diesem bedingungslosen Befehl und Gehorsam wurde ich nie wirklich warm. In der Bundeswehr hat man wesentlich mehr Möglichkeiten, sich selbst einzubringen.«

Seine Halle wird von einem großen Sandkasten beherrscht, in dem sich Dutzende Minen, Granaten und Bomben befinden. »Alles Anschauungsobjekte für die Ausbildung, aber nur ein Bruchteil von dem, was wir haben«, erklärt Briest. Eine Seite ist durch einen übermannshohen Zaun eingefasst. Darin stapeln sich in Regalen verschiedene weitere Gegenstände von der Panzerabwehrhandwaffe bis zum Lenkflugkörper.

Das alte, über Jahrzehnte von der Roten Armee genutzte Gebäude ist mehr als nur eine Mustersammlung. Tafel, Beamer und ausgerichtete Stuhlreihen zeigen, wofür das Gebäude genutzt wird. Hier schult Oberstabsfeldwebel Briest Kameradinnen und Kameraden im Rahmen der Einsatzvorbereitenden Ausbildung zum Thema C-IED (Counter-Improvised Explosive Devices, Abwehr von improvisierten Sprengfallen).

»Aus meiner mehrjährigen Vorverwendung in einem mobilen Ausbildungsteam für Counter-IED weiß ich, wie ich auf eine Lerngruppe wirke. Am Anfang steht den Kameraden direkt ins Gesicht geschrieben: ›Mein Gott, der sieht ja komisch aus.‹

Heute ist Meik Briest als Schießsicherheitsfeldwebel bei der Range Control auf dem Truppenübungsplatz Altengrabow eingesetzt. Nebenamtlich betreut er die Munitionsmustersammlung des Übungsplatzes. Sie ist außerhalb des Zaunes in einem Gebäude untergebracht, das noch aus der Zeit stammt, als die Rote Armee den Übungsplatz nutzte. Oberstabsfeldwebel Briest war selbst bei der NVA. Als Gruppenführer, stellvertretender Zugführer und Fallschirmwart bei den Spezialaufklärern erreichte er den höchsten Dienstgrad seiner Dienstgradgruppe. Nach der Wiedervereinigung wurde er in die Bundeswehr übernommen.

Wenn ich dann erzähle, was mir passiert ist, bleibt die Spannung erhalten und man hört mir zu. Mir kann man halt die Konsequenzen und Gefahren des Berufes im wahrsten Sinne des Wortes am Gesicht ablesen. Ich bin das beste Anschauungsobjekt hier«, sagt er mit einem Lächeln.

EIN BOMBENFUND GERÄT ZUR KATASTROPHE

Oberstabsfeldwebel Briest nimmt eine kegelförmige Kleinbombe in die Hand und erzählt: »So eine war es, der ich mein heutiges Aussehen zu verdanken habe. Es war der 3. Juli 1999. Wir sollten in einem Dorf in der Nähe von Prizren eine 250-Kilo-Bombe entschärfen. Auf dem Rückweg kamen wir an einer großen Wiese vorbei. Von unserem Fahrzeug aus konnten wir sehen, dass der Bereich offensichtlich von den Alliierten bombardiert worden war. Auf dieser Wiese waren mehrere Einheimische bei der Heuernte. Weiter den Weg entlang zur Hauptstraße hielten uns drei Personen mit Rufen ›Mina, Mina‹ auf. Unser Sprachmittler übersetzte uns, dass sie etwas gefunden hätten.

Einer aus unserem Trupp sollte sich die Sache ansehen, das war bei uns das Standardvorgehen. Dieser eine war diesmal ich. Auf dem Weg vom Straßenrand bis zur Wiese, auf dem die Einheimischen gewartet hatten, lagen schon mehrere dieser Streu-

Meik Briest nutzt die umfangreiche Mustersammlung zur Aus- und Weiterbildung für den Einsatz.

bomben. Ich konnte die Feldarbeiter überzeugen, an dem Tag nicht weiterzuarbeiten. Am Folgetag sollte die Räumung beginnen. Ein paar der Arbeiter wollten uns dabei unterstützen, das Gelände zu markieren, und folgten mir zu unserem Transportpanzer.

Kurz bevor wir ankamen, erschien wie aus dem Nichts urplötzlich ein Einheimischer aus einem Gebüsch und kam auf uns zu, in der Hand den Blindgänger einer Streubombe. Anscheinend wollte er sie mir in die Hand drücken. Auf 20 Meter Entfernung bekamen wir ihn zum Stehen und forderten ihn auf, die Bombe ganz vorsichtig abzulegen. Ob er sie die letzten paar Zentimeter fallen ließ, ob ein Stein darunter lag – wir wissen es nicht. Jedenfalls ging etwas schief.

Die Bombe detonierte. Es gab zwei Tote und mehrere Schwerverletzte. Und ich stand mittendrin. Mich hatte es nicht umgeworfen, ich stand weiterhin da. Wie lange? Ich weiß es nicht. Ich konnte nichts mehr sehen, Blut trübte meine Augen. Ich hatte das Gefühl, im Kölner Dom direkt unter einer Glocke zu stehen. Ein Dröhnen, dann ein Rauschen, irgendwann Stimmen. Da wurde mir klar: Hier ist irgendwas faul. Hier stimmt was nicht.

Hände packten mich rechts und links an den Oberarmen und führten mich zu meinen Kameraden, die sofort Erste Hilfe leisteten. Kurze Zeit später kam ein Arzt. Mit dem konnte ich mich nur durch Zeichen verständigen, sprechen ging nicht. Der Arzt gab mir etwas gegen die Schmerzen. Die Medikamente waren aber nicht stark genug. Die Erschütterungen, als ich auf die Trage gelegt, angehoben und in den Krankenwagen geschoben wurde, verursach-

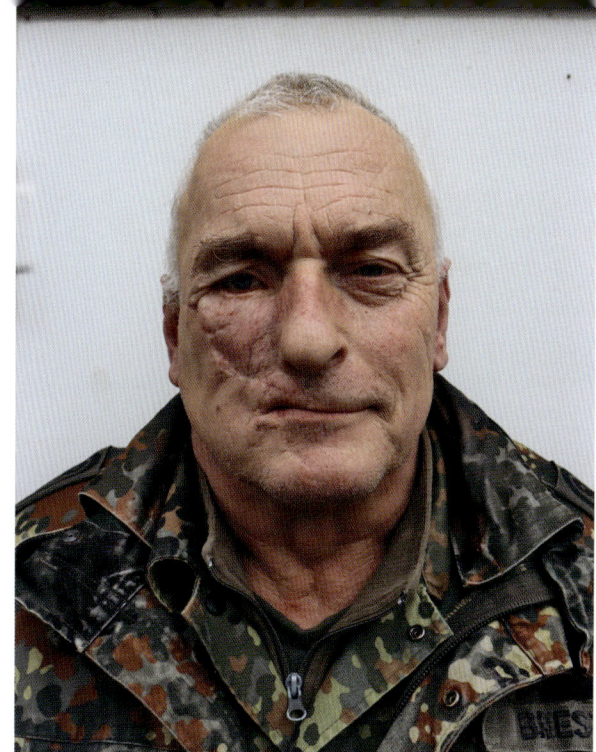

Mit den Spuren seiner Verwundung ist der engagierte Schießsicherheitsfeldwebel ein lebendes Beispiel für die Gefahr, die von Sprengfallen ausgeht.

ten mir die schlimmsten Schmerzen, die ich je erlebt hatte. Da wusste ich: Das ist übel.

Ich wurde im Feldlazarett in Prizren sofort notoperiert und über das Rettungskoordinierungszentrum wurde meine ›Repatriierung‹ eingeleitet, was sich im Nachhinein als nicht so einfach darstellte. Noch in der Nacht ging es mit einem Transporthubschrauber CH-53 nach Skopje in Mazedonien. Von dort wurde ich mit einem Learjet der Deutschen Rettungsflugwacht – die Flugbereitschaft hatte angeblich keinen zur Verfügung – weiter nach Köln transportiert, wo die nächste Übergabe an einen

> »
> # WIR HABEN NICHT SO VIELE, DENEN MAN ES ANSIEHT.
> «

SAR-Hubschrauber für den Transport nach Koblenz erfolgte.

Um vier oder fünf Uhr am nächsten Morgen kam ich im Krankenhaus in Koblenz an. Ich hatte ein faustgroßes Loch im Gesicht. Mir fehlte der komplette rechte Oberkiefer von der Mitte bis zum Jochbein, der Jochbogen und der halbe Gaumen. Als Zugabe waren da noch ein Schädelbasis- und Keilbeinbruch sowie ein verletztes Innenohr. Das rechte Gleichgewichtsorgan war damit auch verloren gegangen. Trotz Splitterschutzweste hatte ich einige Splitter im Brustkorb unter der Haut. Ohne die Weste wären die Splitter hinter die Rippen gedrungen. Aber ich bin noch immer da!«

SCHNELL WIEDER IM DIENST

Auch nach den schweren Verletzungen hat Meik Briest seiner Profession nie den Rücken zugekehrt: »Nach dem Unfall ging es fast nahtlos weiter. Auch wenn ich im gleichen Jahre über 100 Tage im Krankenhaus verbrachte, stand ich schon nach sechs Monaten wieder auf dem Sprengplatz. Ich sprengte zwar nicht selbst, aber zumindest konnte ich helfen.

Sechs Jahre nach meinem Unfall war ich dann wieder im Einsatz im Kosovo. Weitere Einsätze folgten, immer in der gleichen Verwendung. Zum letzten Mal war ich 2019 dort. Bei jedem Einsatz konnte ich mit den damals Beteiligten und deren Angehörigen sprechen. Die ersten, die zu mir kamen, waren die Mutter und die Ehefrau eines der bei dem Unfall Getöteten. Niemand gab mir dort die Schuld. Das war wichtig für mich. Natürlich hatte ich mir häufig die Frage gestellt: Habe ich etwas falsch gemacht? Hätte ich das Ganze verhindern können? Das hat sehr an mir gezehrt.

Rückblickend waren die späteren Einsätze ebenso wie das Weiterarbeiten auf dem Sprengplatz wie eine Selbsttherapie für mich. Eine psychologische Betreuung hatte ich damals nicht erhalten. Zwar war ich vor meinem Einsatz 2005 nochmals im Bundeswehrkrankenhaus in Hamburg. Dort sagte man mir aber, dass bei mir geistig alles in Ordnung sei. Heute sehe ich das anders. Ich habe an mir festgestellt, dass ich mich seit dem Unfall verändert habe. Ich bin heute zu 80 Prozent wehrdienstbeschädigt – aufgrund verschiedener Unfallfolgen wie dem fehlenden Gleichgewichtsorgan, aber auch weil ich danach noch einen Sportunfall hatte und ein gebrochenes linkes Sprunggelenk, das von einer Abseilübung aus einem Hubschrauber rührt.«

Dankbarkeit empfindet Briest für seine Familie, Kameraden und Vorgesetzten:

»Die haben mir sehr geholfen. Aber das war nicht immer und überall so. An einigen Standorten erlebte ich auch Ablehnung. Manchmal fühlte ich mich gemobbt. Schlussendlich bin ich nach Altengrabow gekommen. Hier kann ich meiner Profession nachgehen und so gut wie möglich dem Bürodienst aus dem Weg gehen. Hier kann ich Sinnvolles leisten.«

NUR NICHT LETZTER WERDEN

Noch etwas fällt in Briests Lehrgebäude auf: Direkt neben der Tafel, vor einem grünen Vorhang, steht eine Zielscheibe für Bogenschießen. Wenn es draußen nass ist, trainiert er hier für die Invictus Games. Fünf Jahre lang hatte ein Kamerad versucht, ihn für die Sporttherapie in Warendorf zu gewinnen. »2016 rang ich mich dazu durch, mich beim Arzt vorzustellen. Der sagte zu mir: ›Briest, du bist ein körperliches Wrack.‹ Das hat mir die Augen geöffnet. Ich habe mich aufgerappelt, 20 Kilo abgenommen und wurde für die Invictus Games in Toronto und Sydney aufgestellt.«

Meik Briest startet bei den Spielen, auch 2023 in Düsseldorf, in der offenen Klasse. Dort sind unter seinen Konkurrenten auch jüngere Kameraden, zum Teil ohne körperliche Einschränkungen. Er möchte im Bogenschießen, Indoor-Rudern und Schwimmen antreten. »Es geht mir nicht darum, eine Goldmedaille zu gewinnen. Heute bin ich 57 Jahre alt. Meine Schnellkraft lässt nach. Nicht Letzter werden, das ist das Ziel.«

Meik Briest will bei den Invictus Games 2023 in drei Disziplinen starten, darunter im Indoor-Rudern.

Oberstabsfeldwebel Briest hätte die Bundeswehr längst aufgrund der besonderen Altersgrenze in den Ruhestand verlassen können. Zweimal hat er bereits verlängert, auch weil dies einiges in Bezug auf die immer noch nicht abgeschlossene Heilbehandlung vereinfacht. Bis Anfang 2023 war Meik Briest insgesamt 1.442 Tage stationär im Krankenhaus. Heute stellt er fest: »Ich merke, dass es langsam Zeit wird. Ich habe in zwei Armeen den höchsten Dienstgrad meiner Dienstgradgruppe erreicht, habe viel erlebt und mitgemacht. Ich habe meinen Beitrag geleistet. Eine weitere Verlängerung wird es nicht geben.«

Oberstabsfeldwebel Uwe Simolka ist ein guter Zuhörer.

VOLLZEITJOB LOTSE

Hilfe für Einsatzgeschädigte auf der Suche nach Unterstützung

Ich war einer der ersten Lotsen des Deutschen Heeres. Zu dieser Aufgabe bin ich durch Zufall gekommen. Ende 2011 gab es eine Fernsehsendung mit Günther Jauch, in der der damalige Verteidigungsminister de Maizière sagte: »Wir haben die Lotsen auf den Weg gebracht.« Keiner wusste so richtig, was das ist, auch nicht hier im Bataillon. Aber irgendwie hatte der damalige Kommandeur mitbekommen, dass es die gibt, und mich dann ausgewählt.

Die Kompaniefeldwebel des Bataillons hatten mich vorgeschlagen, weil sie von meiner mehrfach schwerstbehinderten Tochter wussten, von meinen Kämpfen mit der Bürokratie der Krankenkassen und Ähnlichem. Über die Jahre, in denen ich Lotse sein durfte, hat sich immer wieder gezeigt, dass das Wissen hilfreich war, da auch unsere einsatzgeschädigten Soldaten immer wieder solche Kämpfe in unserem Wehrdienstbeschädigungsverfahren bestehen mussten.

Zu Beginn war organisatorisch gar nichts vorhanden. Das hat mich aber auch gereizt, von null an zu beginnen. Zunächst galt es, ein Team aufzustellen. Es ist schwierig, sich in die versehrten Kameraden hineinzuversetzen, ohne die Erfahrungen selbst gemacht zu haben. In unserem Verband gab es den Oberstabsgefreiten Rauer, der selbst einsatzgeschädigt ist. Er erklärte sich gleich bereit, das Lotsenteam mit aufzustellen. Danach haben wir Verbindung mit anderen Lotsen aufgenommen, uns ausgetauscht und die notwendigen räumlichen Voraussetzungen geschaffen.

Dann war »Klinkenputzen« angesagt: beim Sozialdienst, der Truppenpsychologie, den Truppenärzten, der Militärseelsorge, dem Bundeswehrverband, dem Bundeswehrsozialwerk – überall hin wurden Verbindungen aufgebaut, wo man auch heute Hilfsangebote für betroffene Soldaten bekommen kann. Unbürokratisch und auf Augenhöhe die Kameradinnen und Kameraden aktiv bei der Suche nach geeigneten Unterstützungsangeboten zu helfen, ist schließlich der Kern der Aufgabe als Lotse.

Oberstabsfeldwebel Uwe Simolka war hauptamtlicher Lotse für Einsatzgeschädigte beim Panzergrenadierbataillon 212 in Augustdorf. Er berichtet, wie er zu diesem Amt gekommen ist und wie ihm zwei Kameraden, die selbst versehrt wurden, wertvolle Unterstützung leisten.

» PSYCHOHYGIENE WILL GELERNT SEIN. «

LOTSE KANN MAN NICHT NEBENBEI SEIN

Schwierig war, dass ich die Funktion zunächst nebenamtlich, also neben meiner Dienstverpflichtung als Kompanietruppführer, ausführte. Das konnte aber nicht funktionieren und kann es auch heute nicht. Ein Versehrter muss sich auf die Verfügbarkeit seines Lotsen verlassen können. Das trug ich dem Kommandeur so vor. Der hat das auch gleich unterstützt und mich vom Kompanietruppführerposten entbunden; und ab dem Zeitpunkt war ich hauptamtlicher Lotse.

Mitte 2012 ging es tatsächlich richtig los. Im Jahr 2011 hatte das Panzergrenadierbataillon 212 leider viele Erfahrungen mit Tod und Verwundung machen müssen. An den betroffenen Kameraden mussten wir, so bitter das heute klingen mag, erst einmal lernen, was wie zu tun ist. Und das haben wir gemacht. Ergänzungen zu unseren Erfahrungen fanden wir in den Lehrgängen des Zentrums für Innere Führung. Wir hatten auch immer wieder Themen, mit denen

sich ein Grenadierfeldwebel nie so richtig beschäftigt hat: etwa Sucht oder familiäre Probleme. Wenn man mit so einem Einsatzgeschädigten spricht oder seine Familie besucht und da ist gar nichts mehr in Ordnung, dann nimmt das einen persönlich schon ziemlich mit. Psychohygiene will eben auch erstmal gelernt sein.

GUT ZUHÖREN

Das Wesentliche beim Lotsen ist das Zuhören. Das zeigte sich auch beim Hauptfeldwebel Bonk aus unserem Bataillon. Wir trafen uns bei einer dienstlichen Veranstaltung in der GHG, unserem Heimbetrieb. Beim Bier unterhielten wir uns eine Zeit lang. Und wie das in einer Bierlaune so ist, gab er auch etwas von sich preis. Als er mir einiges erzählt hatte, sagte ich ihm: »Hey, pass mal auf! So wie ich das gerade wahrnehme, müssten wir vielleicht mal etwas tun.« Da brachen die Gefühle aus ihm heraus. Den Rest des Abends haben wir draußen geraucht, geredet und uns für den nächsten Tag verabredet. Danach führte ihn der Weg über den Truppenarzt mit anschließender Überweisung in die Bundeswehrkrankenhäuser in die Therapie. Gemeinsam sind wir dann die nächsten Schritte gegangen, und viel später holte ich ihn in unser Team.

Dass Versehrte den Lotsen bei seiner Arbeit mit anderen unterstützen oder selbst Lotsen sind, ist das A und O. Dieser empathische Zugang aufgrund der gleichen Erfahrungen ist der Türöffner, um ins Gespräch zu kommen und den Kameraden helfen

Uwe Simolka hilft dabei, passende Unterstützungsangebote zu finden.

zu können. Es gab in unserem Bataillon Zeiten, da hatten wir 32 Kameraden zu betreuen.

Als Lotse kann ich mir die Geschichten anhören und auch bei einigen bürokratischen Hürden helfen, aber ich kann nicht in Gänze nachvollziehen, wie sich die Kameraden fühlen. Ich als Lotse war nicht wichtig. Der Oberstabsgefreite Rauer, der Hauptfeldwebel Bonk, unsere Versehrten im Bataillon, die mich in meiner Arbeit unterstützt haben, das waren die wichtigsten Männer.

Stabsfeldwebel Patrick Bonk leitet den Heimbetrieb im Großstandort Augustdorf. Eine Einrichtung vergleichbar mit einem mittelständischen Gastronomiebetrieb.

EIN FRÜHLINGSTAG IN AFGHANISTAN

Zwischen routiniertem Funktionieren und Angst

Als ich im Frühjahr 2011 als Truppführer des Sicherungszuges in Mazar-e Sharif (MES) angekommen war, wurde mir sehr schnell bewusst, dass dieser Einsatz anders werden sollte. Es war mein erster Einsatz als Panzergrenadierfeldwebel in Afghanistan. Afghanistan war eben nicht vergleichbar mit meinen vorherigen Einsätzen in Bosnien. Der OP-North war ein Außenposten irgendwo im Nirgendwo mit Zelten hinter Stacheldraht und keine Containerstadt wie MES. Bereits am 18. Februar, kurz vor unserem Eintreffen, hatte es sich gezeigt, dass der OP nicht sicher ist. Drei Kameraden verloren damals durch Schüsse eines afghanischen Soldaten ihr Leben.

Bereits nach einigen Wochen wurde ich aus unterschiedlichen Gründen zunächst Gruppen- und kurze Zeit später Zugführer. Erst wurde mein Gruppenführer für ein Verbindungsteam abgestellt, dann wurde mein Zugführer aus privaten Gründen repatriiert. Nicht dass ich mir den Job des Zugführers nicht zugetraut hätte, aber ich war mit meiner Stellung als Stellvertreter doch recht zufrieden gewesen. Mir reichte die stets hohe Anspannung »24/7« in zweiter Reihe völlig aus. Mit der Übernahme des Zuges stieg diese Anspannung in mir ins Grenzenlose. Bereits am selben Abend übernahm ich die Führung der

Quick Reaction Force (QRF), der schnellen Eingreiftruppe im OP-North.

Ich wachte am nächsten Tag früh auf – mit einem unangenehmen Gefühl im Bauch. Meinem Stellvertreter gab ich den Auftrag, die Männer so schnell wie möglich auf die Fahrzeuge aufsitzen zu lassen. Noch während wir sprachen, klingelte in unserem Zelt das Telefon und ich wurde zum Lagezentrum,

Stabsfeldwebel Patrick Bonk leidet an PTBS. Der 46-Jährige stellt sich seit 2015 der Krankheit, die Folge seines Einsatzes in Afghanistan ist. Heute leitet er den Heimbetrieb in Augustdorf, einem der größten Standorte der Bundeswehr mit über 3.500 Soldatinnen und Soldaten. Mit seinem Team sorgt er für die Betreuung der Kameraden und bereitet Großveranstaltungen am Standort vor. Er ist verantwortlich für den gesamten Warenein- und -ausgang, die korrekte Buchführung und den Zahlungsverkehr. Nur wenige Portepeeunteroffiziere im Heer tragen solch umfangreiche wirtschaftliche Verantwortung. Hier berichtet Stabsfeldwebel Bonk von seinen Erfahrungen und wie er seine heutige Tätigkeit einordnet.

Tactical Operations Center (TOC) genannt, gerufen. Zeitgleich erging über Tetrapol, das digitale Funkgerät, die Alarmierung der QRF. Ich wusste, was jetzt kommen würde. In der TOC folgte ein kurzes Lage-Update. »Lagemeldung: IED-Anschlag bei 2. Kompanie! Ein Schützenpanzer angesprengt und ausgefallen.«

»EIN ANBLICK, DEN ICH NIEMALS VERGESSEN WERDE«

Bereits nach 20 Minuten rollten wir durch das Haupttor. Auf der Hauptverbindungsstraße »Mallorca« ließ ich die Marschkolonne umgliedern, um eine für den

Auftrag zweckmäßigere Reihenfolge der Fahrzeuge zu erreichen. Auf der »Mallorca« angekommen, ließ ich die Hauptkräfte Richtung Anschlagstelle ausgliedern und die noch verbliebenen Kräfte in die 360-Grad-Sicherung gehen. Kurzer Ordnungshalt. Ich funktionierte! Alles funktionierte.

Kaum war die Sicherung eingenommen, kam über Funk der Abruf unseres zweiten beweglichen Arzt-Trupps (BAT). Da angeblich noch eine weitere Sprengfalle auf der Straße liegen sollte, entschloss ich mich, den BAT selbst zu begleiten, um zusätzliche Verluste möglichst gering zu halten. Außerdem verfügte ich mit meinem Transportpanzer Fuchs über das am besten geschützte Fahrzeug im Zug. Sollte eine mit Druck ausgelöste Sprengfalle verbracht sein, so würde es uns und nicht den BAT treffen. Der Auftrag fühlte sich wie ein Himmelfahrtskommando an. Ich wartete im Prinzip nur noch auf die weitere Detonation. Wir rollten zügig und achtsam Richtung Anschlagstelle. Mir war bitterkalt.

Angst war mein Begleiter und der Kopf zum Bersten voll. Ich nahm die Umgebung nur im Unterbewusstsein wahr. Hubschrauber flogen tief über den ganzen Bereich. Plötzlich sah ich den angesprengten Marder in der Ferne. Zunächst sah es aus, als wären es zwei. Bis das Bild klarer wurde. In diesem Moment war ich auch wieder voll da. Am Rand des Feldwegs stand der Rest des »Charlie«-Zuges mit

Im Afghanistaneinsatz war Patrick Bonk als Zugführer der Quick Reaction Force (QRF) eingesetzt. Ein Auftrag, der sein Leben grundlegend änderte.

seinen Mardern. Die Besatzungen der drei verbliebenen Schützenpanzer saßen am Rand des Weges.
Ich blickte in jedes Gesicht. Die Blicke besaßen eine
unendliche Leere, maßlose Erschütterung und Verzweiflung. Ein Anblick, den ich niemals vergessen
werde! Es war ansteckend.

Während ich versuchte, erneut einen klaren
Gedanken zu fassen, fand ich mich mit meiner
Gruppe in der Sicherung des Anschlagsortes wieder. Der angesprengte Marder war nur noch ein
Wrack und lag nun direkt vor uns. Es war der Panzer von Charlie 1. Ich musste dabei zusehen, wie
meine Kameraden alles Menschenmögliche bei der
Bergung und Versorgung der Verwundeten taten.
Ständig musste ich an meinen als Maschinengewehr-
schützen abgestellten Soldaten beim Arzttrupp denken. Er musste mit ansehen, wie die Verwundeten
versorgt wurden, wie Alexej geborgen wurde. Wenige
Wochen vorher sprachen Alexej und ich in Augustdorf über seine Hochzeitspläne und seinen Zweifel,
ob er wirklich noch einmal in den Einsatz gehen
sollte. Ich riet ihm dazu. Tiefe Trauer und Hilflosigkeit stiegen immer weiter in mir auf.

Auch heute noch fällt es Patrick Bonk schwer, seine Aufgaben
als Heimbetriebsleiter mit seinem soldatischen Selbstverständnis in Einklang zu bringen.

SELBSTBEHERRSCHUNG UM JEDEN PREIS

Völlig unprofessionell und mit der Situation, mit
meinen Gefühlen überfordert, versuchte ich einen
klaren Gedanken zu fassen, als plötzlich eine Bord-
maschinenkanone feuerte. 20-Millimeter-Geschosse
rauschten über unsere Köpfe hinweg. Stille! Und ich
war wieder da! Ich war wieder klar im Kopf. In dem

ganzen Gewusel an der Anschlagstelle musste ich
feststellen, dass ich gar keinen Funkkontakt hatte.
Die ganze Zeit wurde vor Ort nur noch über das
geschlossene Funksystem Tetrapol kommuniziert
und nicht über den analogen Funk. In meinem Zug
verfügten wir nur über ein einziges Tetrapol-Gerät,
das in einem der anderen Fahrzeuge verbaut war.

Nach endlosen Versuchen, wenigstens auf dem
Bataillonskreis eine offene Funkverbindung zu
bekommen, kam ein Melder zu mir und gab mir
einen Folgeauftrag. Ich sollte mit meinen Kräften
koppeln und gemeinsam unter Führung »Bravo« –

> **»**
>
> # ICH FÜLLE MEINE UNIFORM NICHT MEHR AUS.
>
> **«**

d. h. dem Zugführer des zweiten Zuges – den äußeren Ring stellen. Schließlich nahm ich Verbindung mit meinen Restteilen über Funk auf und gab die Lageinformation weiter. Wieder an den Restkräften von »Charlie« vorbei … Das alles wollte nicht in meinen Kopf! Ich wollte helfen! Doch mein Auftrag war ein anderer.

Nachdem ich dann mit »Bravo« gekoppelt und meinen Auftrag erhalten hatte, fuhr ich zu meinen Restkräften zurück. Wir gingen in die 360-Grad-Sicherung über. Obwohl über uns permanent Apache-Helikopter der Amerikaner kreisten, war es beängstigend still. Ich nutzte die Zeit für einen kurzen Anruf bei meiner Frau, um ihr zu sagen, dass mit mir und meinen Soldaten alles o.k. sei. Dann fing ich an zu realisieren, was hier eigentlich vor sich ging. Mein Kopf fing an, die Bilder zu sortieren, kategorisch nach den zugehörigen Emotionen: Wut, Trauer, Hilflosigkeit. Und all diese Gefühle wollten mit aller Gewalt aus mir raus! Doch ich musste mich beherrschen, ich musste doch funktionieren, Entscheidun-

gen treffen, mit klarem Kopf führen. Ich hatte doch Verantwortung! Ich wäre am liebsten einfach weggelaufen.

DIE NÄCHSTE HERAUSFORDERUNG FOLGT UNMITTELBAR

Es vergingen Stunden. Bergekräfte aus MES waren eingetroffen, um den völlig zerstörten Schützenpanzer zu bergen. Zwischendurch bekam ich Lageinformationen von einem meiner Gruppenführer, der über das einzige Tetrapol im Zug verfügte. Die Anspannung war allgegenwärtig. Schließlich handelte es sich um einen komplexen Hinterhalt durch die aufständischen Taliban. Zu jeder Zeit hätte ein weiterer Angriff erfolgen können.

Dann kam der ersehnte, vermeintlich erlösende Auftrag: Wir sollten ausweichen, um es den Kräften, bestehend aus dem Kommandeur, den »Charlies« sowie den Berge- und Rettungskräften, zu ermöglichen, an uns vorbei in Richtung OP zu fahren. Wir sollten uns dahinter als schließende Kräfte anhängen. Sofort setzte ich den Auftrag um, befahl, was nötig war, und folgte meinen Kräften in einen Bereich, der es uns ermöglichte, den Weg für die Hauptkräfte frei zu machen.

Dann kam, was niemand hätte ahnen können: Eines meiner Fahrzeuge kippte während des Ausweichmanövers auf die Seite. Der Gruppenführer kam mir zu Fuß entgegen und meldete den Vorfall. Keine Verletzten. Dem Himmel sei Dank! Der Kraftfahrer aber stand unter Schock. Als ich sah, wie die

Insassen völlig planlos und ohne Waffen umher-
irrten, wies ich den Gruppenführer an, sofort die
Waffen aufzunehmen und die Unfallstelle zu sichern.
Der Kraftfahrer sollte auf meinem Fahrzeug aufsitzen, um sich zu erholen.

Wir standen mitten zwischen zwei Gebäuden mit
hohen Mauern. Ein perfektes Ziel für Aufständische.
Ich war mittlerweile wieder da, wo ich ein paar
Stunden zuvor schon war. Völlig überfordert mit der
Situation. Die Hauptkräfte zogen an uns vorbei, bis
der Bergetrupp mit seinem Bergepanzer und dem
Kranwagen auf unserer Höhe war, um das Fahrzeug
zu bergen.

Die Dämmerung brach ein, als ich abgesessen mit
dem Bergetrupp das weitere Vorgehen besprechen
wollte. Mal wieder funktionierte ich. Bis plötzlich
Schüsse in unmittelbarer Nähe fielen. Sofort gingen
wir in Stellung. Ich klappte mein Nachtsichtgerät vor
die Augen. Dabei brach die Helmhalterung. Ich war
nun blind. Der Bergetruppführer hatte keine Waffe,
ich kein Nachtsichtgerät mehr. Wir entschlossen uns,
gemeinsam unter Ausnutzung der Deckung zurück
zu den Fahrzeugen zu kehren, um uns wieder kampf-
fähig zu machen und die Lage zu beurteilen. Hand in
Hand stolperten wir zwischen den Fahrzeugen durch
die Dunkelheit.

Am Fahrzeug angekommen, stand plötzlich einer
meiner Gruppenführer schreiend vor mir und gab
irgendwelche wilden Meldungen von sich. Nachdem
ich ihm erneut sehr deutlich seinen Sicherungsauf-
trag gegeben hatte und sich die Hecktüren meines
Fahrzeugs geschlossen hatten, fiel ich in eine Art
Schockstarre. In meinem Kopf funktionierte nichts
mehr. Erst nachdem über Funk die Information
kam, dass angeblich ein Hund erschossen worden
sei, wurde ich wieder langsam klarer und ruhiger.
Schließlich wurde mein Fahrzeug geborgen und wir
konnten uns an die Hauptkräfte anschließen, um
zurück in den OP-North zu verlegen. Für die Befehls-
gebung auf dem Rückweg reichte mein Verstand
gerade noch aus.

Dies war nur ein Tag von vielen, aber ein ent-
scheidender in meinem Leben.

Es ist so unfassbar beschämend erkennen zu
müssen, sein halbes Leben für genau solche Situationen trainiert zu haben, um dann zu versagen. Erkennen zu müssen, dass man die Aufgabe, zu der man
sich immer berufen gefühlt hat, für die man so viel
Zeit, Energie und auch Schmerzen auf sich genommen hat, nicht ausführen kann. Diese Erkenntnis
ist so unendlich schmerzhaft. Obwohl ich meine
Uniform noch immer mit Stolz und Selbstverständnis trage, so fülle ich sie dennoch nicht mehr aus. Ja,
ich schäme mich, wenn ich meine Kameraden von
damals treffe. Ich weiß, was sie dann vor sich stehen
sehen: Eine leere Uniform.

Hauptfeldwebel Felix Rauer hat seit seiner Verwundung einen langen und steinigen Weg hinter sich gebracht.

GEFECHTSFELD LEBEN

Einmal wäre ein Auslandseinsatz beinahe schief gegangen

Sommer 2010, Afghanistan. Seit drei Wochen befand ich mich wieder im Einsatz und war erneut als Kraftfahrer in der OMLT-Kompanie in Feyzabad eingesetzt. Operational Mentoring and Liaison Teams (OMLT) wurden als Ausbilder und Militärberater der afghanischen Streitkräfte eingesetzt, die sie bei Einsätzen gegen Aufständische begleiteten und berieten.

An diesem 19. Juni befanden wir uns bereits auf dem Rückweg von einer fünftägigen Patrouille im äußersten Nordosten des Landes. Es war später Nachmittag und ich freute mich schon auf unser Zwischenziel im Safe House in Baharak. Wenn man nur über Pisten fährt, mehr Feldwege als richtige Straßen, kann das für den Fahrer mit der Zeit ganz schön anstrengend werden. Immer wieder nach dem besten Weg schauen, die Ideallinie finden, kleine, aber auch große Bach- und Flussfurten durchqueren und immer wieder auf engen Wegen Steigungen am Rande des Abgrunds meistern.

Wir waren mit zwei Dingos etwa zehn Minuten vor dem Rest der Kompanie als Vorhut eingesetzt, und somit war ich, wie meistens, wieder ganz vorne auf der Suche nach der »Ideallinie«. Trotz der anstrengenden Wegverhältnisse war und bin ich immer wieder aufs Neue von der unglaublichen Natur in diesem Land fasziniert. Wir fuhren in einem Flusstal in ca. 2.000 Metern Höhe. Rechts und links von uns ragten nochmal deutlich höhere Berge auf, teilweise über 4.000 Meter hoch. Es mutete faszinierend und friedlich an, dennoch befanden wir uns in einem Kriegsgebiet.

Um die Gefahr, die uns jederzeit durch improvisierte Sprengfallen (IED) oder Hinterhalte drohen konnte, etwas auszublenden, unterhielten wir uns über Fußball. Zu dem Zeitpunkt fand die Fußball-WM in Südafrika statt und wir erhielten jeden Abend die Ergebnisse über Satellitentelefon aus der Operationszentrale.

Improvisierte Sprengfallen sind eine der größten Gefahren für Soldaten im Auslandseinsatz. Bei einem solchen Anschlag wurde Felix Rauer schwer verwundet. Er beschreibt die damaligen Ereignisse und die langjährigen Folgen, die seinen Werdegang auf ungeplante Weise beeinflusst haben.

> **»**
> # ALLES UM MICH HERUM SPIELTE SICH WIE IN ZEITLUPE AB.
> **«**

IM GEBIRGE ANGESPRENGT

Während ich in die nächste Steigung fuhr – ich schaltete für mehr Geschwindigkeit noch in den dritten Gang herunter –, wurde auf einmal alles schwarz. Als ich wieder zu mir kam, war es ruhig um mich herum. Ich öffnete meine Augen und fragte mich, was gerade passiert war. Während ich versuchte, mich zu orientieren, nahm ich eine Staubwolke im Fahrzeuginneren wahr. Aus irgendeinem Grund war meine Frontscheibe geborsten. Was zur Hölle war hier los?, dachte ich mir. Plötzlich merkte ich, wie eine Flüssigkeit über mein Gesicht und in meinen Bart rann. Als ich danach tastete, färbte sich meine Hand blutrot.

Scheiße, dachte ich, wir müssen von einem IED oder irgendetwas anderem getroffen worden sein. Sofort griffen die jahrelange Ausbildung und meine Erfahrungen aus den vorangegangenen Einsätzen. Alles um mich herum spielte sich wie in Zeitlupe ab.

Ich hatte nur einen Gedanken – ich muss uns aus der Killzone herausbringen! Meine Versuche, einen Gang einzulegen, das Kupplungspedal auszuklappen oder irgendwie die Notschaltung zu nutzen, misslangen. Blut rann von meinem Gesicht und tropfte aufs Lenkrad. In diesem Moment merkte ich, dass meine Tür geöffnet war und ich ohne Deckung mitten auf dem Präsentierteller saß.

Ein Gedanke schoss mir durch den Kopf: Wer hat die verdammte Tür geöffnet? Ich muss raus aus dem Fahrzeug und in Stellung gehen, mich und die anderen verteidigen, falls das IED nur der Beginn für einen Hinterhalt gewesen sein sollte. Mein »Aussteigen« war dann mehr ein Herausfallen aus anderthalb Metern in den Dreck neben mein Fahrzeug. Meine Versuche, mich wieder aufzurichten, misslangen allesamt. Was war bloß los mit mir? Ich konnte hier nicht einfach liegen bleiben, und vor allem kam ich von hier aus nicht an mein Gewehr. Das befand sich noch immer »griffbereit« neben meinem Sitz.

Noch ein Versuch. Doch irgendwie machte mein Körper nicht das, was ich wollte. Verfluchter Mist, was war bloß los mit mir? Während ein Gefühl von Panik und erste Anzeichen von Todesangst langsam in mir aufstiegen, kamen zwei meiner Kameraden um das Fahrzeug gelaufen, halfen mir auf und stützten mich zwischen sich. Auf ihre Schultern gestützt, gelangten wir gemeinsam in eine sichere Deckung und ich wurde von unserem Medic erstversorgt.

Erst jetzt begann ich langsam zu realisieren, dass ich anscheinend wirklich verwundet worden war. Aber außer dem Blut in meinem Gesicht und höllischen Rückenschmerzen, die immer schlimmer wurden, schien mir nichts zu fehlen. Zumindest dachte ich das zu diesem Zeitpunkt.

DIE RETTUNGSKETTE FUNKTIONIERT

Nach der Ankunft der Hauptkräfte sowie der Sanitäter wurde ich zunächst mit ausreichend Schmerzmitteln vollgepumpt und bekam nur noch Auszüge der Ereignisse mit. Während um mich herum der Feuerkampf geführt wurde, lagerte man mich auf eine Vakuummatratze um. Da ich nichts mehr ausrichten konnte, konnte ich die Dinge nur noch geschehen lassen. Gedanken wie »Ich will hier nicht sterben. Nicht hier und jetzt, an diesem Fluss fast 6.000 Kilometer von zuhause« tauchten auf. Mein Blick ging nach oben, und das Blau des Himmels brannte sich in meine Erinnerung. Meine Gedanken wanderten immer wieder weg von dort und zu meinen Eltern, meinem Bruder und meiner Familie.

Nach einiger Zeit – ich hatte schon längst jegliches Zeitgefühl verloren – tauchte ein guter Freund und Kamerad an meiner Trage auf, sagte: »Ich habe dich gerächt, Bruder!« und drückte mir eine Patronenhülse in die Hand. Während ich die Hülse mit aller Kraft umklammerte, spürte ich ein ungutes Gefühl in mir aufsteigen. Anscheinend stimmte irgendetwas mit meinem Rücken nicht. Wozu hätte man mich sonst auf diese Vakuummatratze schnallen sollen? Zum Glück konnte ich meine Füße sehen, und um mich zu überzeugen, dass ich nicht gelähmt war, versuchte ich sie zu bewegen. Die Tatsache, dass dies noch funktionierte, beruhigte mich etwas.

Der Dingo von Felix Rauer bot nach dem Anschlag mit der Sprengfalle ein Bild der Verwüstung.

Während ich mich immer mehr mit meinem Schicksal abzufinden begann, nahm ich auf einmal die Geräusche von Rotorblättern wahr. Als ich aufblickte und über mir das rote Kreuz an einem amerikanischen MedEvac-Hubschrauber sah, durchströmte mich ein unbeschreibliches Gefühl von Glück und Hoffnung. Da der Hubschrauber in diesem Flusstal aber weder landen konnte noch eine Bergung mit der Seilwinde möglich erschien, war es allein dem Mut der Hubschrauberbesatzung zu verdanken, dass sie dennoch einen Versuch wagten und ich ins Feldlager Feyzabad ausgeflogen werden konnte. Zu diesem Zeitpunkt wusste ich noch nicht, dass dies nur der erste Teil einer langen Reise war.

Nach der Erstversorgung in der Rettungsstation in Feyzabad wurde ich mit einer schwedischen Transportmaschine ins Einsatzlazarett nach Mazar-e Sharif geflogen. Allein auf einer Trage in diesem riesigen Laderaum liegend, versuchte ich etwas zu

> **»**
> # ES GIBT KEINEN WEG ZUM GLÜCKLICHSEIN, SONDERN GLÜCKLICHSEIN IST DER WEG.
> **«**

schlafen und die Gedanken an meine Verwundung auszublenden. Ich bewegte so oft wie möglich meine Füße, um mich zu beruhigen und die Hoffnung nicht zu verlieren.

SCHNELLE OPERATION

Die Untersuchungen im Einsatzlazarett ergaben, dass bei dem Anschlag ein Wirbel gebrochen war und ich schnellstmöglich operiert werden musste, weil die Knochensplitter bereits auf mein Rückenmark drückten. Auch wenn mir mittlerweile alles egal war, wollte ich vor der Operation noch einmal eine vertraute Stimme hören und durfte meine Eltern anrufen.

Während es in Deutschland gerade erst ein früher Sommerabend war, hatten wir in Afghanistan bereits Mitternacht. Nach einer gefühlten Ewigkeit ging meine Mutter ans Telefon. Ich berichtete mit zittriger Stimme und um Fassung ringend: »Mama, ich bin schon wieder in Mazar-e Sharif. Ich komme etwas früher nach Hause als geplant.« Nach einer kurzen Pause am Telefon und auf die Frage meiner Mutter nach dem Warum antwortete ich: »Mama, ich wurde schwer verwundet! Ein Wirbel ist gebrochen und ich werde gleich operiert!« Worauf meine Mutter direkt entgegnete: »Felix, beweg dich jetzt bloß nicht mehr! Hast du verstanden?«

Nachdem ich mich kurz verabschieden konnte, wurde ich auch schon für die Operation vorbereitet. Eine Kameradin sprach beruhigend auf mich ein, während mir langsam die Tränen über das Gesicht liefen. Meine letzte Erinnerung sehe ich noch heute vor meinem inneren Auge: die Deckenlampe im Operationssaal.

Zwei Tage später erwachte ich im Bundeswehrzentralkrankenhaus in Koblenz aus dem künstlichen Koma. Mir tat alles weh. Erst als ich endlich meine Eltern und meinen Bruder sah, fiel eine riesige Last von mir ab. Ich hatte es zurück nach Deutschland, zurück nach Hause geschafft. Als ich auf meine Füße schaute und sah, dass ich sie noch immer bewegen konnte, fing ich hemmungslos an zu weinen.

Während ich einfach nur froh war, am Leben und nicht gelähmt zu sein, liefen auf einem Fernseher im Hintergrund Bilder von jubelnden Menschen in Schwarz, Rot und Gold – dieselben Farben, die ich noch vor kurzem auf meiner blutverschmierten Uniform selbst getragen hatte. Unterdessen zog die Nationalmannschaft ins Achtelfinale ein, und ich begann wieder laufen zu lernen.

LEBENSLANGE FOLGEN

Wenn ich heute an diesen schlimmsten Tag meines Lebens zurückdenke, hätte ich mir damals nicht einmal im Traum vorstellen können, wie mein Leben heute ausschaut. Ich wurde aufgrund meiner schweren Verwundungen als Oberstabsgefreiter zum Berufssoldaten ernannt. Im Anschluss wechselte ich die Laufbahn und schloss die Ausbildung zum Personalfeldwebel ab. Als solcher war ich mit den Kameraden meines Verbandes im letzten Einsatzkontingent Resolute Support erneut in Afghanistan.

Bis dorthin war es ein langer und steiniger Weg. Erst im Laufe der Jahre sollte ich realisieren, wie knapp ich damals am Tod und vor allem am Rollstuhl vorbeigeschrammt bin. Es dauerte gut zehn Jahre, bis mir in der Psychotherapie meine Gefühle, wie das der Todesangst, wirklich bewusst wurden.

Neben den seelischen Wunden wurde bei mir aufgrund der Verletzung des Rückenmarks eine Blasenentleerungsstörung diagnostiziert, wodurch ich mehrmals täglich auf die Verwendung von Einmalkathetern angewiesen bin. Diese werden mich nach aktueller medizinischer Einschätzung den Rest meines Lebens begleiten, sonst drohen mir ein Nierenschaden und Dialyse.

Dennoch bin ich dankbar für mein Leben, meine Familie, meine Freunde und Kameraden, die mich durch diese Zeit begleitet haben. Durch ihre Unterstützung bin ich weiterhin als Soldat und Versehrter ein stolzer Teil des Deutschen Heeres.

Felix Rauer blickt heute optimistisch in die Zukunft.

Zahlreiche Tätowierungen an Armen und Beinen erzählen die Lebensgeschichte des Menschen und Hauptfeldwebels Andreas Rückewoldt.

VON DEN INVICTUS GAMES INS LEBEN ZURÜCKGEHOLT

Wenn die Seele leidet, wird auch der Körper in Mitleidenschaft gezogen

Ich konnte viele Jahre aufgrund meiner einsatzbedingten PTBS und der chronischen Depression kaum vernünftig über mein Trauma reden. Über meine Tätowierungen konnte ich mich aus meiner eigenen sozialen Isolierung befreien und sichtbar zeigen, was diese Erkrankung überhaupt ist. Sie dokumentieren meine Einsätze: IFOR 1996, dann SFOR 1997, KFOR 2000/01 und 2005/06. Mein letzter Einsatz war 2010. Das war einer der verlustreichsten in Afghanistan. Tod und Verwundung, Verletzte sowie Gefechte und Massengräber waren ständige Begleiter in meinen Einsätzen. Ein anderer Bereich meines Körpers ist den Invictus Games gewidmet. Sie sind ein Teil meines Lebens geworden. Meine Erkrankung hatte mich über Jahre stark isoliert. Die Spiele und mein Weg dorthin haben mir die Augen geöffnet, das wollte ich auch sichtbar machen.

ÜBER 20 JAHRE TIEFSITZENDE PROBLEME

Meine Krankheitsgeschichte beginnt schon 1996, da hatte ich die ersten Vorfälle während des IFOR-Einsatzes. Beispielsweise waren wir auf einer Patrouille von Živinice nach Sarajevo. Wir hatten zehn Schwerlasttransporter dabei. Ich gehörte zu der gemischten Aufklärungskompanie, die den Konvoi schützen sollten. Wir waren den Fahrzeugen etwa anderthalb Kilometer voraus als Spähtrupp eingesetzt. Als wir in einem Dorf in der Nähe von Doboj im Grenzgebiet zu Serbien ankamen, gerieten wir unter Beschuss von Serben und Muslimen. Es gab zwei muslimische Schwerverletzte zu beklagen, einer hatte einen Hüftsteckschuss und der andere einen Streifschuss im Bauchbereich.

Wir leisteten Erste Hilfe mit den Mitteln, die wir dabei hatten, und forderten Sanitäter an. Es kam

Hauptfeldwebel Andreas Rückewoldt ist Lotse für einsatzgeschädigte Soldaten beim Panzerpionierbataillon 1 in Holzminden. Die schrecklichen Eindrücke von fünf Auslandseinsätzen haben ihn seelisch krank gemacht. Jetzt hilft er Kameradinnen und Kameraden, die Ähnliches durchmachen mussten.

> **»**
>
> # ICH BIN NUR NOCH DREI JAHRE SOLDAT. ICH WEISS NICHT, WAS DANACH PASSIERT.
>
> **«**

MORALISCHE GEWISSENSBISSE

Das Moralische war für mich das Schwerste – egal wo ich war, ob in Bosnien, im Kosovo oder in Afghanistan. Es war nicht das Gefecht, nicht die Gefahr und auch nicht die Anstrengung. Im Einsatzland merkte ich den Druck gar nicht. Da war ich sowieso ständig in Alarmbereitschaft. Erst als ich wieder zuhause war, kamen die Todesängste, die sich bis heute nicht geändert haben. Ich merkte irgendwann gar nicht mehr, wie ich mich isolierte und selbst einsperrte.

Es war diese moralische Verantwortung, die man damals trug – nicht früh genug dagewesen zu sein, nicht früh genug helfen zu können. Hinzu kamen die Massengräber und ständige Meldungen über Kinder und Frauen, die zu Opfern wurden. Damit fing es an. In Bosnien und im Kosovo kamen wir immer wieder in Bereiche, die »ethnisch gesäubert« worden waren. Wir kamen in Dörfer, wo in den Häusern Menschen erschossen und angezündet worden sind. Da machte man sich Gedanken und stellte sich die Frage: Warum sind wir da nicht früh genug einmarschiert? Im Kosovo war es genau das gleiche: Warum warten wir jetzt wieder so lange, bevor wir unterstützen und helfen?

dann ein Krankenwagen, in dem noch Blutreste vorheriger Einsätze zu sehen waren. Die beiden verletzten Muslime schrien immer wieder: »Nix Doboj, nix Doboj!« Wir hatten keinen Dolmetscher bei uns und konnten uns daher nicht richtig verständigen, aber irgendwie hatten wir ein schlechtes Gefühl. Also schickten wir die Sanitäter weg und forderten stattdessen einen Hubschrauber an. Er konnte aber nicht landen, weil rechts und links der Straße alles vermint war.

Am Ende kam doch noch ein anderer Krankenwagen, diesmal von der muslimischen Seite. Erst jetzt stellte sich heraus, dass die ersten beiden Sanitäter Serben gewesen waren. Hätten wir in dem Moment anders entschieden und die muslimischen Männer den serbischen Sanitätern zur Versorgung gegeben, dann wären die beiden umgebracht oder gefoltert worden. Vermutlich hätte man nie wieder von ihnen gehört.

DER KÖRPER AM LIMIT

Ich hatte dauernd einen Puls von 180. Seit 15 Jahren habe ich in Stresssituationen Störungen des Magen-Darm-Traktes. In solchen Situationen kann man nur hoffen, dass man ganz schnell eine Toilette findet. Deshalb dachte ich immer, ich hätte Darmkrebs oder etwas Ähnliches. Ich hatte außerdem zwei Schlaganfälle. Ende Dezember 2015 platzten mir noch mehrere Magengeschwüre. Daran wäre ich fast gestorben.

Als ich nach 2017 in die Gruppe Sporttherapie aufgenommen wurde, kam ich erstmals unter ständige ärztliche Begutachtung, die mir diesen Druck nahm. Ich merkte, dass das alles nur der »Kopf« ist. Im Krankenhaus in Koblenz erklärte man mir, dass mein Kopf auf Dauerstrom ist, wie ein Motor, der mit 12.000 Umdrehungen läuft. Das konnte einfach nicht gut gehen. Mein Geist hatte meinen Körper krank gemacht.

Neben den körperlichen Problemen hatte ich auch geistige, wie Albträume und Triggersituationen. Einmal drängte mich jemand auf der Autobahn mit Warnblinklicht auf die Seite. Als ich überholt wurde, sah ich im anderen Auto schwarze Haare, Schnäuzer und ein dunkles Gesicht. Da machte es bei mir »klick«. Ich fuhr hinter ihm her und zwang ihn von der Autobahn auf einen Parkplatz. Ich hätte ihn aus seinem Auto herausgeholt, wenn nicht mein Sohn dabei gewesen wäre, der mich wieder zur Besinnung brachte – eines der vielen Dinge, für die ich ihm heute dankbar bin.

Ich hatte meine Familie zerstört. Ich war lange Jahre Alkoholiker. Das und mein Hang, mich zu isolieren, führten dazu, dass meine Frau mich 2009 mit unseren gemeinsamen Kindern verließ. Ich war aggressiv, gefühllos, eine lebende Zeitbombe und nicht mehr kontrollierbar. Vier Jahre später wollte

mein Sohn unbedingt wieder zu mir zurück. Das hat mich damals vor dem kompletten Absturz bewahrt und mir so das Leben gerettet.

Rückblickend frage ich mich heute manchmal, ob es für meinen Sohn besser gewesen wäre, wenn er bei seiner Mutter geblieben wäre. Er musste in seinen jungen Jahren viel mitmachen. Er konnte nie der kleine Bruder sein, sondern musste von klein auf ziemlich viel Verantwortung für seine schwerstbehinderte Schwester tragen. Und dann, als junger Mann, musste er auch noch seinen eigenen Vater stützen. Er sagt: »Nein, es war alles richtig. Papa, ich bin froh, dass ich zu dir gekommen bin.« Er ist heute selbst Soldat in meinem Bataillon. Trotzdem sage ich heute, dass ich als Vater, Ehemann und Partner versagt habe. Einen Menschen mit dieser Erkrankung an seiner Seite zu haben, ist kein Geschenk, sondern eine Belastung für die Familie.

DER LOTSE BRINGT DEN WENDEPUNKT

Ich hatte damals keine Betreuung und gestand mir das alles nicht ein. Immer nur mit Vorbild voran und bloß keine Schwächen zeigen. Meine damalige Frau hatte mir schon zigmal gesagt, dass mit mir etwas nicht stimme, aber ich erstickte das immer im Keim. Erst 2015 sprach mich ein alter Kamerad an, Oberstabsfeldwebel Simolka, mit dem ich zusammen im April 1990 eingezogen worden war. Er war einer der ersten Lotsen der Bundeswehr. Er hatte über eine längere Zeit meine Facebook-Seite verfolgt. Ihm war aufgefallen, dass ich nur Bilder aus dem Einsatz postete. Zuerst redeten wir miteinander. Dann ließ er nicht locker, und ich musste einen Termin in der Psychiatrie im Bundeswehrkrankenhaus in Koblenz vereinbaren.

Ich hatte Angst vor dem unausweichlichen Ergebnis und hielt unterwegs vier-, fünfmal an. Im Krankenhaus unterhielt sich der Oberstarzt drei Stunden mit mir und »drehte mich auf links«. Ein Ausweichen war nicht möglich. Er hat mich im positiven Sinne »nackt« gemacht und sofort erkannt, dass ich zwei Gesichter habe. Ich konnte ihm nichts vormachen. Daraufhin musste ich noch zwei Wochen vor Ort bleiben bis zur Diagnose, die dann später hieß: einsatzbedingte PTBS.

In dem Moment der Diagnose fiel irgendwie der komplette Druck der letzten Jahre von mir ab. Auch wenn ich mir eingestehen musste, dass ich diese Krankheit habe, wusste ich auch, dass mir jetzt geholfen wird und dass ich mich nicht mehr verstellen musste.

ZURÜCK IN DIE BUNDESWEHR

Zwischenzeitlich war ich aus der Bundeswehr ausgeschieden. Als ziviler Ausbilder für Berufskraftfahrer trug ich Verantwortung für einen Fuhrpark von 1.500 Fahrzeugen sowie Personal. Bis zum letzten Tag hatte ich gearbeitet. Doch jetzt konnte ich mir helfen lassen. Ich arbeitete einen Nachfolger ein, und im Mai 2016 wurde ich in meinem alten Panzergrenadierbataillon 212 in Augustdorf wiedereingestellt, in einem Wehrdienstverhältnis besonderer Art.

Mein Fehler war, dass ich dachte, ich müsse nun auch wieder als Soldat funktionieren. Es dauerte acht Monate, bis ich verstand, dass ich hier war, um erst einmal wieder gesund zu werden. Eine Zeitlang war ich in der Abteilung meines Kameraden Simolka, doch dann riet er mir, woanders neu anzufangen. So wurde ich zum Panzerpionierbataillon 1 nach Holzminden versetzt, nur 28 Kilometer von meinem Wohnort entfernt. Ich wurde vorbildlich aufgenommen. Die Kameradschaft war einzigartig, meine Vorgesetzten und Kameraden stehen bis heute hinter mir. Dank dieser Schritte konnte ich mich ganz auf meine Genesung konzentrieren.

Im Bataillon wurde mir eine Verwendung als Organisationsfeldwebel Betreuung und Fürsorge angeboten, und nach den erforderlichen psychologischen Gutachten konnte ich Berufssoldat werden. So habe ich aus meiner Erkrankung meinen Beruf gemacht. Als Lotse begleite ich hier im Standort Soldaten, wobei ich mich ausschließlich als Kamerad auf Augenhöhe verstehe. Ich bin kein Psychologe! Ich befasse mich nicht mit vergangenen Geschichten, hier geht es in erster Linie um das Jetzt und Hier. Ich begleite sie zum Sozialdienst, zum Pfarrer und zu Ärzten. All das hat auch mir selbst wieder Struktur gegeben, hat mich wieder zu einem Teil der Gesellschaft gemacht.

Es gibt nichts Schlimmeres für einen Einsatzgeschädigten als keinen Auftrag zu haben, dauernd krank zu Hause zu sein oder in einem Büro irgendwelche Akten zu lochen. Jeder Soldat, jeder Mensch braucht eine gewisse Art von Würde. Und die habe ich mir erkämpft. Ich bin stolz darauf und bekomme

Fünfmal war Andreas Rückewoldt im Auslandseinsatz.

auch immer wieder gutes Feedback von betroffenen Soldaten und ihren Familien. Für mich war es einfach wichtig, dass ich Leuten helfen kann, und umso früher wir den Menschen helfen können, umso besser ist der Krankheitsverlauf.

Ich war der Beweis, wie es nicht laufen sollte! Ich habe mir nicht helfen lassen und 19 Jahre dafür gebraucht, es mir selbst einzugestehen. Daher beglückwünsche ich jeden Soldaten, der mein Büro betritt, zu seinem Mut für diesen Schritt.

EMOTIONALE STERNSTUNDE

Ein weiterer wesentlicher Wendepunkt in meiner Therapiegeschichte waren die Invictus Games 2017 in Toronto. Ich flog damals sehr spontan als Zuschauer gemeinsam mit meinem Sohn hin; ein Schritt, der mein Leben änderte. In Toronto sah ich Tausende Menschen auf den Straßen jubeln. In jeder Tankstelle, in die ich kam und in der man mein Basecap von den Invictus Games sah, gab es ein »Thanks for your service«. All das waren Erfahrungen, die ich vorher so nicht gemacht hatte.

Hier in Deutschland ist man aufgrund unserer militärischen Geschichte eher zurückhaltend, was Veteranen oder Soldaten betrifft. In Toronto und Sydney habe ich kennengelernt, was es heißt, wenn die Bevölkerung hinter dir steht und dir auch als einsatzgeschädigtem oder verletztem Soldaten Rückhalt gibt. Gleich bei der ersten Veranstaltung erlebte ich bei den Spielen einen britischen Offizier, der in Afghanistan auf eine Mine getreten war und beide Arme und beide Beine verloren hatte. Er hatte am Rudern teilgenommen, wozu er mit mehreren Gurten auf einem Spezialgerät festgeschnallt worden war.

Im Wettbewerb holte er eine Bronzemedaille, die ihm der englische Prinz Harry überreichte. Hinter ihm stand die Tochter des Soldaten, also gab Prinz Harry ihr die Medaille in die Hand. Der Vater sprang daraufhin von seinem Podest und wackelte auf seinen Beinstümpfen zu seiner Tochter. Dieser Moment hat mir einerseits das Herz gebrochen und andererseits unheimlich Hilfe gegeben. Da habe ich mir gesagt: Jetzt wird es Zeit, aus deiner sozialen Isolie-

Die Teilnahme an den Invictus Games hat Andreas Rückewoldt viel Kraft gegeben.

rung herauszukommen und es einfach mal zu versuchen. Schau dir an, was der da leistet! Ich habe dort gesehen, dass es Menschen gibt, denen es noch viel schlechter ergangen ist als mir. Mir wurde bewusst, dass ich mich nicht auf meiner PTBS und auf meiner Depression ausruhen sollte. Trotzdem habe ich mir manchmal gewünscht, es wäre ein Bein ab gewesen oder ich hätte eine Schusswunde abbekommen, weil das Sachen sind, die man sehen und fassen kann.

Bei einem Soldaten mit einer psychischen Erkrankung sieht man gar nichts. Da sitzt der 53-jährige kernige Hauptfeldwebel, Soldat durch und durch, aber wenn ich nachmittags nach Hause komme, bin ich ein Wrack. Ohne die stufenweise Wiedereingliederung im Hamburger Modell könnte ich schon rein körperlich nicht dienen.

Die sieben Tage in Toronto waren Emotion pur für mich. Diese Schicksale, diese Freude, dieses Lachen in den Gesichtern! Mein Sohn sagte zu mir: »Papa, so habe ich dich in den letzten zehn Jahren nicht mehr gesehen! Ich habe dich, seitdem ich klein war, nie mehr so lachen sehen.« An dem Punkt sagte ich mir: Du musst jetzt etwas tun, um deiner Familie etwas wiederzugeben. Selbst bei den Invictus Games zu starten, mich für die Belange der Einsatzversehrten einzusetzen und vor allem für meine Familie mein Leben wieder in Griff zu bekommen – all das begann, als ich damals die Eindrücke von Toronto für mich verarbeitete.

UNGEWISSE ZUKUNFT

In zwei Jahren werde ich in den Ruhestand versetzt. Ich hätte gerne weiter gedient, weil mir die Bundeswehr Struktur gibt. Was danach kommt, weiß ich nicht. Für mich ist das sehr beklemmend. Meine volle Pension kann ich nicht erreichen und ich habe mit meiner Einsatzschädigung keine Chance auf eine private Krankenversicherung. Die Bundeswehr hat sich seit 2010 sehr positiv entwickelt, was die Betreuung einsatzgeschädigter Soldaten betrifft. Aber was deren Versorgung angeht, ist noch Handlungsbedarf. Mit lebenslanger freier Heilfürsorge wäre jedem Soldaten geholfen.

Ich bin stolz, bis zum heutigen Tage Soldat zu sein. Ich bin stolz, im Ausland gedient zu haben. Ich bin stolz auf die Kameraden, mit denen ich dort gewesen bin.

Ich möchte allen danken, die mich in den letzten Jahren unterstützt haben: Freunden, meinem Kommandeur, Kameraden meines Bataillons, namentlich Uwe Simolka, ohne den ich nicht da wäre, wo ich heute bin, und natürlich meinem Sohn, meiner Partnerin, meiner Familie. Und ich bin dankbar für die Möglichkeit, hier vor Ort zu helfen. Ein besonderer Dank geht an meine Kommandeure Oberstleutnant Belke, Flach und Meister, die mich all die Jahre unterstützt haben. Danke für alles, ich stehe in ihrer Schuld.

Als regelmäßige Besucher der Invictus Games trafen Hauptfeldwebel Andreas Rückewoldt und sein Sohn Adrian auch mit dem englischen Prinzen Harry (Mitte), dem Gründer der Spiele, zusammen.

SOHN UND KAMERAD

Adrian Rückewoldt steht seinem PTBS-kranken Vater bei

Mein Name ist Adrian Rückewoldt. Ich bin 21 Jahre alt und Oberstabsgefreiter in der 2. Kompanie des Panzerpionierbataillons 1 in Holzminden. Mein Vater ist Hauptfeldwebel Andreas Rückewoldt. Er dient im selben Bataillon, ist hier Lotse und hat PTBS, eine Krankheit, die damit auch Teil meines Lebens ist.

Dass mein Vater krank ist, bekam ich zum ersten Mal mit, als ich neun Jahre alt war. Es war 2009, als sich meine Eltern trennten. Mein Vater wurde immer schnell sehr aggressiv. Nicht körperlich, sondern in der Art, wie er sprach. Es lag da so ein Ton in seiner Stimme. Seine Zündschnur war immer sehr kurz und dann fuhr er extrem hoch. Nach der Trennung wurde es immer schlimmer. Ich lebte bei meiner Mutter, ungefähr 200 Kilometer von meinem Vater entfernt. Von meinen Großeltern hörte ich immer wieder, dass es meinem Vater zunehmend schlechter ging, dass er zu viel trank und sich von anderen zurückzog. Wenn ich ihn besuchte, fiel es mir auch auf. Waren wir bei Freunden zu Besuch, dann trank er zu viel und es gab immer nur das gleiche Thema: Einsätze, Einsätze und nochmals Einsätze. Mir war klar, dass es so nicht weitergehen konnte. Also entschloss ich mich, zu ihm zu ziehen und bei ihm zu sein. Ich wollte ihm ein Ruhepol und eine Stütze sein.

Natürlich war das auch für mich eine schwere Zeit. Ich war in der Pubertät. Da hat man auch seine eigenen Probleme. Aber es war mir wichtig, mich um meinen Vater zu kümmern. Ich bin froh, dass ich damals diese Entscheidung traf, wenn ich sehe, wie es ihm heute geht. Ich bat damals meinen Vater, mir einen Hund zu kaufen. In Wahrheit war der gar nicht für mich, sondern für ihn. Er brauchte Ablenkung. Mit dem Hund rausgehen, zusammen ins Kino gehen, eben einfach gemeinsam Zeit verbringen, das war, was ich meinem Vater bieten konnte und was ihm auch ein bisschen geholfen hat.

Hauptfeldwebel Andreas Rückewoldt wäre beinahe an den Auswirkungen seiner Krankheit gescheitert. Das Verständnis und die Unterstützung seines Sohnes Adrian, der nach anfänglicher Trennung zu ihm zurückkehrte, waren und sind wichtige Beiträge, ihn auf den Weg zurück ins Leben zu bringen.

IN DER FAMILIE DIE URSACHE ERKANNT

Es gab dann aber den Punkt, an dem das alles nicht mehr reichte. Mein Vater hatte mittlerweile eine neue Partnerin. Eines Abends hatte er wieder getrunken. Er wollte ins Auto steigen und wegfahren. Meine Stiefmutter und ich redeten auf ihn ein und mussten ihn schlussendlich aus dem Auto ziehen. Uns beiden war klar, so konnte das nicht weiter gehen. Meine Stiefmutter kam dann auf die Idee, dass das Alkoholproblem mit den Einsätzen zusammenhängen könnte. Sie kam erst nach den Einsätzen mit ihm zusammen. Ich war zu jung, um mich an die Zeit davor zu erinnern. Also fragten wir meine Oma und seine Kumpels von früher. Eine Mutter merkt natürlich, wenn sich ihr Sohn verändert. Unseren Verdacht hat das dann bestärkt. Schließlich war es meine Stiefmutter, die sich an die Bundeswehr und an Kameraden wie den Oberstabsfeldwebel Simolka wandte. Das war der Einstieg in die Therapie.

Seit 2019 bin ich selbst Soldat. Für mich gab es immer nur zwei mögliche Berufe: Polizist oder Soldat. Da vor meinem Vater schon mein Großvater und Urgroßvater Soldaten waren, war es für die Familie wenig überraschend, dass auch ich Soldat wurde. Seit mittlerweile viereinhalb Jahren diene ich in Holzminden bei den Pionieren. Die Erkrankung meines Vaters hat meinen Entschluss wenig bis gar nicht beeinflusst. Sie hat mich allerdings schon frühzeitig auf die Themen Tod und Verwundung aufmerksam

Auch Adrian Rückewoldt ist seit 2019 Soldat.

gemacht. Durch die Krankheit meines Vaters enga-gierte ich mich schon früh in diesen Themen. Ich bin auch Mitglied in seinem Motorclub, in dem er ehemalige Soldaten zusammenführt und wo ihn der Rückhalt, den sie aus der Truppe kennen, wieder etwas zurückbringt.

DER DIENST GIBT STRUKTUR

In Holzminden habe ich die Möglichkeit, wenn es darauf ankommt, bei meinem Vater zu sein. PTBS kann nicht geheilt werden, aber die Krankheit kann sich bessern. Meinem Vater hilft es, wenn er jeman-den bei sich hat, auch wenn er keinen gebrauchen kann, der ihm ständig auf die Finger schaut. Als ich 2022 in den Einsatz nach Litauen ging, war das für ihn schwer. Das hatte ich schon deutlich gemerkt. Zwei Wochen vor dem Einsatz wurde er immer ner-vöser. Er wollte mich häufiger in seiner Nähe haben. Wir gingen zusammen ins Kino und zum Essen. Während des Einsatzes telefonierten und schrieben wir. Auch mit meiner Stiefmutter blieb ich in engem Kontakt. Das alles hat ihm schon viel von der Last und den Sorgen genommen. Meiner Ansicht nach

leisten die Therapien der Bundeswehr sehr viel. Der Dienstalltag gibt darüber hinaus Struktur und Auf-gabe, aber abends, außerhalb des Dienstes, ist nie-mand da. Das ist der Zeitpunkt, an dem Familie und Freunde bei uns besonders wichtig werden.

Bald wird mein Vater die Bundeswehr verlassen, dann muss er ohne dieses feste Gefüge klarkommen. Auch wenn er es weit zurück ins Leben geschafft hat, gehen ihm die Bundeswehr und seine Arbeit als Lotse über alles. Leider vergisst er dabei viel zu häufig sich selbst. Ich hoffe für ihn, dass er danach wieder eine Aufgabe findet, die ihn auch weiterhin ausfüllt. Am besten im Umgang mit Veteranen. Ob in seinem Motorradclub oder bei den Invictus Games, hier sehe ich ihn zufrieden. Hier fühlt er sich ein-gebunden und gebraucht. Überhaupt sah ich ihn bei den Invictus Games in Toronto 2017 zum ersten Mal seit einer halben Ewigkeit wieder so richtig lachen. Wir waren seither bei allen Spielen. Dort geht es nicht ums Gewinnen. Dort geht es um Anerken-nung, und die ist extrem wichtig. Nicht nur für die Erkrankten selbst, sondern auch für die Familien. Denn hinter jedem Versehrten stehen auch andere Menschen, nämlich Freunde, Kameraden und ganz besonders die Familienangehörigen.

An ihrem Heimatstandort Rotenburg fühlt sich
Stabsunteroffizierin Ramona Steen in ihrem
Fachgebiet Logistik wohl.

KRANK DURCH STÄNDIGE ÜBERFORDERUNG

Wer Soldaten außerhalb ihres Kompetenzbereiches einsetzt, schadet nicht nur dem Auftrag, sondern auch den Betreffenden

Es war Februar 2016, als ich gefragt wurde, ob ich bereit wäre, im Umschlagzug als Bediener Orion (Containerstapler) in den Einsatz nach Mali zu gehen. Mir wurden zwei Tage Zeit gegeben, darüber nachzudenken und eine Entscheidung zu treffen. Sofort war mir klar, dass ich das machen würde. Ich bin Soldatin. Es gab einfach keinen Grund, Nein zu sagen. Im Mai 2016 ging ich mit meinem Leitverband, einer mir unbekannten Einheit, in die Einsatzvorausbildung.

In Mali angekommen erfuhr ich, dass ich meinen Dienst im Transportzug verrichten sollte. Da wunderte ich mich schon, was ich mit meiner Fachausbildung dort sollte. Als man mir dann sagte: »Herzlichen Glückwunsch, Sie sind der Gruppenführer der Luftverladegruppe!«, war ich komplett irritiert, da das normalerweise eine Feldwebelstelle ist und ich nicht mal eine Truppführerausbildung hatte.

Meine Aufgaben waren somit die Tourenplanung des Materials zwischen dem Camp und dem Flughafen inklusive Verladung in die Flugzeuge sowie die Verantwortung für die Soldaten der Gruppe.

INS KALTE WASSER GEWORFEN

Ich stellte im Einsatz von Anfang an sehr viele Fragen, weil ich einfach keine Ahnung hatte. Nach zwei Wochen Eingewöhnung war ich auf mich selbst

Ramona Steen ist Stabsunteroffizier bei der 3. Kompanie des Versorgungsbataillons 141 in Rotenburg/Wümme. Sie ist seit 2011 Soldatin und hat ihren Mut und ihre Entschlossenheit bereits unzweifelhaft bewiesen. 2016 wurde ihr das Ehrenkreuz der Bundeswehr in Gold mit Rotem Rand verliehen, weil sie im Jahr zuvor ein Menschenleben gerettet hatte. Am 9. Juli 2015 waren in der Ostsee vor Heiligenhafen bei Windstärke 8 und 2,5 Meter hohen Wellen zwei Surfer in Seenot geraten. Ein Boot der DLRG-Rettungsstation Heiligenhafen ging sofort in den Rettungseinsatz. Mit an Bord war Ramona Steen. Am Einsatzort angekommen, sprang sie ohne zu zögern ins aufgewühlte Wasser, barg einen der völlig erschöpften Männer und brachte ihn an Bord des Bootes. Sie sicherte so das Überleben des Mannes.

gestellt – im Endeffekt »learning by doing«. Das ging eine Zeitlang ganz gut, bis die Niederländer Gao verließen und dafür unsere deutschen Kameraden kamen, die mehr Material mitbrachten. Da war dann deutlich mehr zu tun. Mir unterliefen dabei natürlich auch Fehler. So wurde ich öfter abends angerufen und zum Beispiel auf falsch ausgefüllte Dokumente aufmerksam gemacht. Dazu kam immer häufiger der Transport von Gefahrstoffen zum Flughafen. Die Vorbereitung dieser Transporte überforderte mich, da ich aufgrund fehlender Ausbildung keine Ahnung hatte, wie dies vorschriftenkonform zu geschehen hatte.

Irgendwann sagte ich: »Bis hierhin und nicht weiter. Ich brauche Hilfe! Ich weiß nicht, wie man mit Gefahrstoff umgeht, und ich habe auch keine Luftumschlagausbildung für das Verladen von Material nach den Regularien der IATA (International Air Transport Association).« Ich dachte, wenn da irgendwas in die Luft geht, bin ich die Erste, die dran ist. Ich musste ja alle Belege unterschreiben. Hinzu kamen noch Verständigungsprobleme. Die Piloten der Flugzeuge waren meist Russen, Weißrussen oder Ukrainer, die kein Englisch sprachen. Das hat meine Überforderung noch weiter gesteigert.

Die Verantwortung für die Luftverladung in Mali stellte Ramona Steen vor Aufgaben, für die sie nicht ausgebildet war.

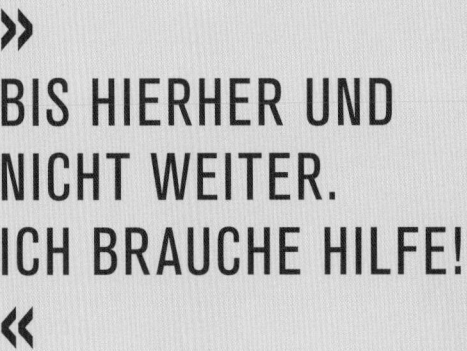

» BIS HIERHER UND NICHT WEITER. ICH BRAUCHE HILFE! «

DER RÜCKHALT DER KAMERADEN FEHLTE

Als ich meinen Vorgesetzten meldete, dass ich nicht mehr kann, kamen Sprüche wie: »Kann ja nicht sein, dass das bei jedem anderen funktioniert, nur bei Ihnen nicht?« Ich konnte nachts nicht mehr richtig schlafen und war dauerhaft angespannt. In der Gruppe hatte sich die Stimmung zusehends gegen mich gewandt. Meinem Gefühl nach wurde nur noch gegen mich gearbeitet. Aufträge wurden zwar noch ausgeführt, das war es dann aber schon. Kameradschaft und Zusammenhalt gab es nicht. Ich wurde aus dem Team ausgeschlossen.

Kaum noch Kontakt zu anderen abseits des Dienstes zu haben, war wirklich schwer. Den ganzen Einsatz über fühlte ich mich wie ein Fremdkörper, der einem eingespielten Team aufgedrückt wurde. Endgültig Schluss war für mich nach dem ersten Anschlag am 29. November 2016, bei dem Selbstmordattentäter zwei mit Sprengstoff beladene Fahrzeuge in den gesicherten Bereich des Flughafens

Die Mittagspause wird gerne für Spaziergänge mit dem Hund genutzt.

fuhren, von denen glücklicherweise nur eines explodierte. Am darauffolgenden Tag mussten wir eine Transportmaschine des Typs A400M entladen. Auf dem Weg dorthin wurden wir von französischen Soldaten aufgehalten, die uns sagten, dass wir hier heute nicht arbeiten könnten. Erst da bemerkten wir, dass wir wenige Minuten zuvor an dem mit Sprengstoff beladenen Fahrzeug vorbeigefahren waren, das noch entschärft werden musste. Zwei Tage später erfuhren wir, dass sich in diesem Fahrzeug ca. 500 Kilogramm Sprengstoff befunden hatten. Die Gefahr

wurde somit für mich sehr real. In meinem Kopf verwoben sich die unterschiedlichen Ebenen meiner Überforderung. Es ging nichts mehr.

Die letzten Wochen des Einsatzes sollten nicht besser werden. Kurz vor dem Abflug des Kontingentes ereignete sich noch ein Anschlag auf das malische Camp, nur knapp 200 Meter Luftlinie vom deutschen Camp Castor entfernt. Dabei starben während eines Antretens 70 malische Soldaten durch einen Selbstmordattentäter. Ab da wollte ich nur noch nach Hause.

ZURÜCK IN DIE HEIMAT

Ich war froh, als ich aus dem Einsatz zurückkam. Und ich dachte auch erst, dass ich diese dauerhafte Anspannung, die ständige Überforderung und das Gefühl des nicht Dazugehörens in meiner Stammeinheit endgültig hinter mir lassen könnte. Ich hatte mich getäuscht. Einige Zeit ging es gut, doch dann kam der Rückschlag.

Während der Großübung der VJTF, der NATO-Speerspitze, in Norwegen im Oktober 2018 brach sich die Belastung des Einsatzes ihre Bahn. Unser Unterkunftszelt war direkt neben dem Schieß- und Sprengplatz der Norweger. In den ersten Nächten schreckte ich bei Sprengungen noch unbewusst auf, war ganz aufgeregt und orientierungslos. In diesen Momenten fragte ich mich immer: Habe ich das gerade geträumt? Ist da jemand gegen die Tür gelaufen oder was ist passiert?

Der Kameradin, die mir gegenüber schlief, fielen meine Probleme recht schnell auf. Immer häufiger wachte ich nachts schweißgebadet auf. Sie sagte dann zu mir: »So geht das nicht weiter!« Ich ging zum Arzt. Dabei hatte ich den großen Vorteil, dass dieser der Leiter der Sanität aus meinem Heimatstandort war. Dadurch war die Vertrauensbrücke bereits geschaffen. Nachdem auch noch die Truppenpsychologie eingeschaltet wurde, sollte es für mich vorzeitig zurück nach Deutschland gehen. Ich weigerte mich, da ich mir nicht nachsagen lassen wollte, keine acht Wochen Übung durchzuhalten. Ich wollte nicht

als schwache Frau gelten. Es waren nur noch drei Wochen, dann ging es heim. Also zog ich es durch. Nachdem ich in Deutschland wieder vorstellig wurde, führte mich der Weg direkt in die Fachärztliche Untersuchungsstelle Psychiatrie. Diagnose: PTBS.

Es dauerte ganze fünf Jahre, bis ich über das, was ich hier schreibe, reden konnte. Ich bin zwischendurch öfters tief gefallen, aber es geht mir immer öfter und immer länger gut. Ich vergleiche das mit den Jahreszeiten: Manchmal ist Sommer, da fühle ich mich gut. Und dann kommt der »Wetterumschwung« und der Winter kehrt ein. Dann wird es dunkel und die Stimmung trübt sich ein. Die Therapiefortschritte sind aber zu sehen.

Hier in Rotenburg habe ich meine engsten Kameraden um mich, denen ich vertraue. Wir stärken uns gegenseitig und sind füreinander da. In der Mittagspause gehen wir zusammen mit dem Hund Gassi. In diesem – meinem – Team fühle ich mich wohl. Diesen Kameradinnen und Kameraden habe ich ebenso viel zu verdanken wie den Ärzten und Therapeuten, die mich in den vergangenen Jahren begleitet haben.

Und dennoch werde ich bald meine Uniform ausziehen. Ich habe es nie bereut, zur Bundeswehr gegangen zu sein. Nach zwölf Jahren Dienstzeit kenne ich meine Stärken und Schwächen. Ich liebe meine Kameraden und die Arbeit. Ich habe aber festgestellt, dass ich keine Uniform tragen muss, um meinem Land zu dienen. Ich hoffe, zukünftig meine Fähigkeiten als Beamtin im Bundeswehrdienstleistungszentrum einbringen zu können.

Seit sieben Jahren ist Mischlingshündin Amy eine unverzichtbare Stütze für ihr Herrchen und weicht ihm nicht von der Seite. Die beiden haben uneingeschränktes Vertrauen zueinander.

TIERISCHE HILFE BEIM KAMPF ZURÜCK INS LEBEN

Therapiehündin Amy und Fallschirmjäger Jan sind ein unzertrennliches Team

In Saarlouis ist Jan im Ausbildungszug eingesetzt und macht genau das, was er auch kann – er bildet aus. Er ist der erste Ansprechpartner für alle Soldaten, die neu in die Einheit kommen, und bringt sie auf einen einheitlichen Stand, was die militärischen Grundlagen betrifft. Dass alles nicht ganz so ist, wie es sein sollte, wird schnell deutlich. Denn an Jans Seite ist ein vierbeiniger Helfer. Die neunjährige Amy, ein Husky-Schäferhund-Mix, ist eine voll ausgebildete Therapiehündin. »Sie ist meine große Stütze. Sie hat mich dazu gebracht, meine Gefühlskälte aufzuweichen und wieder Verantwortung für etwas zu übernehmen.« Doch nicht die Bundeswehr hat das möglich gemacht, sondern Jans Einheit hat Spenden gesammelt und den teuren Therapiehund quasi bezahlt. Seit sieben Jahren ist Amy jetzt an seiner Seite und erleichtert Jan den Alltag.

Der große Kritikpunkt des Fallschirmjägers: »In der Therapie bei der Bundeswehr gibt es zu viel Schema F. Dabei müsste es gerade bei uns Versehrten eher eine individuelle Behandlung für jeden Einzelnen geben.« Er fordert mehr Individualität bei der Behandlung und der Therapieform. Als Beispiel nennt Jan die Wiedereingliederung nach dem Hamburger Modell, also zunächst nach langer Ausfallzeit wenige Stunden täglich Dienst, dann immer mehr. »Für den einen ist das eine gute Idee, für mich ist es die Hölle«, sagt er. »Ich möchte etwas zu tun haben, ich möchte jeden Tag dienen, so lange es geht, und nicht nur zeitweise. Heißt im Klartext: Jeder so, wie er es braucht, und nicht nach einem standardisierten Verfahren.«

Seitdem Jan für die Bundeswehr vor mehr als zehn Jahren in Afghanistan im Einsatz war, ist nichts mehr so, wie es war. Der 34-Jährige hat sich inzwischen zurückgekämpft. Noch ist bei Weitem nicht alles perfekt, aber der Fallschirmjäger hat ein klares Ziel vor Augen: Er möchte wieder als Ausbilder und »richtiger« Soldat in der Bundeswehr dienen – ohne allzu große Einschränkungen.

»HABE EINEN MENSCHEN STERBEN SEHEN«

Jans Trauma begann vor mehr als zehn Jahren in Afghanistan. Er war unter anderem dafür zuständig, Tankwagen, die für die Versorgung der Truppe von afghanischen Spediteuren zur Verfügung gestellt wurden, auf mögliche Sprengladungen zu untersuchen, ohne richtige Ausbildung – und das fast täglich. »Jeder Tag hätte mein letzter sein können«, so der großgewachsene Fallschirmjäger. »Die ständige Bedrohungslage war schon entscheidend, also das ständige unbewusste Unter-Strom-Stehen, das Angespanntsein. Dazu kommt noch, dass man an der Situation nichts ändern kann. Man hatte nie wirklich Zeit, darüber nachzudenken, kam nie zur Ruhe.«

Dazu kam ein weiterer Vorfall, der Jan seitdem nicht mehr loslässt. »Ein schweres Gefechtsfahrzeug der US-Armee hatte einen sogenannten Vorläufer, einen Soldaten, der bei langsamer Fahrt vor dem Fahrzeug gelaufen ist – das machen wir Deutschen genauso. Obwohl der Fahrer des Fahrzeuges diesen Vorläufer nicht mehr gesehen hat, ist er weitergefahren und hat ihn überrollt. Der Soldat ist dann vor meinen Augen gestorben.«

Dieser Moment habe sich für immer in sein Hirn gebrannt, so Jan.

»Wenn das Ganze auch noch in Zeitlupe vonstattengeht und man weiß, man kann nichts dagegen tun, ist das sehr belastend und man kann das in der Phase nicht richtig aufarbeiten – auch bis heute nicht. So einen Vorfall vergisst man nicht. Das Geräusch vergisst man nicht, vor allem den Blick vergisst man nicht. Hätte ich in dem Moment woanders hingeschaut, wäre es für mich vielleicht besser zu verarbeiten gewesen. Ich habe halt einen Menschen sterben sehen, und das sehr langsam.«

ZURÜCK INS LEBEN – EIN LANGER WEG

Zurück in Deutschland lief es für den 34-Jährigen dienstlich eigentlich normal, sagt er. Doch Kameraden, Freunde und Familie hätten schon gesehen, dass er sich verändert hatte. Er war nur noch wütend, teilweise sehr aggressiv, schottete sich ab.

»Ich war früher ein Fan von großen Festivals – meine Eltern haben mir die ersten Jahre auch immer wieder Karten für Festivals zum Geburtstag geschenkt, um mir eine Freude zu machen. Bis ich irgendwann gesagt habe, es macht keinen Sinn, ich kann da nicht hin. Weil ich zu viele ungeklärte Situationen dort erlebe und damit nicht klarkomme. Heute geht es besser, aber damals konnte mich quasi alles aus der Bahn werfen. Ich habe damals wegen Kleinigkeiten keine Weinkrämpfe, sondern Wutanfälle bekommen. Ich wollte ja eigentlich niemandem was Böses, und um das zu vermeiden, habe ich in meiner Freizeit halt nichts mehr gemacht. Das sind alles Punkte, die das Leben dermaßen eingeschränkt haben. Wie erklärt man so etwas?«

Dienstlich habe es eigentlich ganz gut funktioniert, bis die Ärzte seinen Zukunftsplänen einen Strich durch die Rechnung machten. Er wurde als untauglich für seinen Dienstposten eingestuft – ein schwerer Schlag. »Ich bin also in das Einsatzweiter-

Mittlerweile kann Jan wieder Aufgaben mit Führungsfunktion übernehmen.

verpflichtungsgesetz gerutscht mit allem Negativem, mir fehlte jegliche Perspektive. Es gab keinen Plan B. Mir wurde nur gesagt, was nicht geht.«

Medizinisch wurde ihm zunächst eine Anpassungsstörung diagnostiziert. »Dienstlich hatte ich eigentlich keine Probleme, aber privat hatte ich Schwierigkeiten, mich wieder zurechtzufinden. Im Jahr 2014 kam dann zum ersten Mal die Diagnose PTBS mit Aggressionsschüben, Schlaflosigkeit und Depressionen.« Trotz dieser Diagnose dachte Jan

zum damaligen Zeitpunkt, dass er dennoch etwas erreichen könne, und hielt seinen Traum immer noch für realisierbar. »Deswegen habe ich auch nicht das sogenannte A-Kriterium, also den vermuteten Auslöser für meine Erkrankung, genannt. Ich dachte, wenn ich das jetzt sage, ist meine Karriere bei der Bundeswehr vorbei. Inzwischen habe ich eingesehen, dass es aus gutem Grund passiert ist, dass mir das Recht auf Ausbildung verwehrt wurde, denn so, wie es war, konnte es nicht weitergehen.«

» ICH WOLLTE DIENEN, DOCH ICH DURFTE NICHT. «

IM BEKANNTEN UMFELD BLEIBEN

Für Jan begann dann eine Reise, fast schon eine Odyssee, die noch nicht ganz zu Ende ist. Er sollte sich dienstlich verändern und bekam zwei Stellen angeboten, eine in Husum und eine bei der Marine. »Für jemanden wie mich, der ein festes und bekanntes Umfeld braucht, der sich schwertut mit unbekannten Situationen, war das völlig sinnlos und inakzeptabel.« Er fühlte sich extrem unter Druck gesetzt von seiner Personalführerin, »so nach dem Motto: ›Sie haben jetzt vier Wochen Zeit sich zu entscheiden, ansonsten machen wir das für Sie.‹ Mein Truppenpsychologe in Koblenz hat das dann für mich geklärt.«

Letztendlich ging es für den Fallschirmjäger darum, sich einen Weg zu suchen, wie es in der Bundeswehr weitergeht und vor allem wo. »Das habe ich selbst organisiert. Mit der Hilfe von Kameraden in meiner Kompanie, hier vor allem die Hauptfeldwe-

bel Daniel und Sebastian sowie Stabsfeldwebel Jens, konnte ich mich erfolgreich in der Einheit einleben und mich beweisen, sodass ich inzwischen wieder Aufgaben mit Führungsanspruch wahrnehmen kann. Ich habe mehrere Eingaben an den damaligen Wehrbeauftragten geschrieben. Allerdings habe ich bis heute noch keinen Dienstposten, sondern sitze immer noch auf dem DPÄK (dienstpostenähnliches Konstrukt). Meine Erfahrung mit der Koordinierungsstelle ZALK (Zentrale Ansprech-, Leit- und Koordinierungsstelle für Menschen, die unter Einsatzfolgen leiden) in St. Augustin ist eher noch ausbaufähig, sage ich mal. Da würde ich mir doch etwas mehr Elan wünschen.«

UNSICHERE ZUKUNFT

Wie es für Jan in der Bundeswehr weitergeht, ist heute noch nicht klar. Aufgrund des sogenannten Einsatzweiterverpflichtungsgesetzes ist er noch bis Ende März 2024 in der Schutzfrist. Bis dahin muss entschieden werden, ob er als Berufssoldat auf einem Dienstposten, für den er gesundheitlich geeignet ist, übernommen wird oder ob er gemäß der Vorschrift so weit gesundheitlich wiederhergestellt ist, dass er aus der Bundeswehr entlassen wird und auf dem zivilen Arbeitsmarkt eine Anstellung suchen kann.

»Mein Dienstalltag ist nah an der Normalität. Allerdings habe ich ein paar Einschränkungen, zum Beispiel ist mir die Teilnahme am Sprengen untersagt und ich kann keinen Wach- und Siche-

Amy hat sich daran gewöhnt, neben ihrem Herrchen im Mittelpunkt zu stehen.

rungsdienst übernehmen. Da ich eh schon schlecht schlafe, würde das nicht funktionieren. Ich nutze halt meine Zeit nach drei Stunden Schlaf pro Tag anders. Morgens gehe ich von 4.45 Uhr bis 5.30 Uhr in den Kraftraum, da habe ich dann meine Ruhe. Ich muss mich beschäftigen. Wenn ich zur Ruhe komme, wird es schwierig für mich. Urlaub ist auch ein großes Thema. Hier im Dienst habe ich immer etwas zu tun, im Urlaub zuhause kann es schon mal eine Herausforderung sein.«

Der Fallschirmjäger schätzt seine Zukunft durchaus realistisch ein:

»Ich werde mein ganzes Leben lang Einschränkungen haben. Ich weiß, mit meinen Schwächen umzugehen. Wenn ich zum Beispiel merke, dass ich ›abdrifte‹, stürze ich mich in Arbeit. Das tut mir gut, das hat mir auch meine Therapeutin bestätigt, dass es Menschen gibt, die das so kompensieren, also in der Situation Dinge tun, die man schon immer gemacht hat.

Deswegen bin ich auch nicht zivil vermittelbar. Ich kann das Militärische, das ist meine Rückzugsstrategie, da finde ich mich zurecht und das ist mein Rettungsanker in schwierigen Situationen.«

Jan ist froh, dass er wieder ausbilden und ein Teil der Gemeinschaft sein kann.

KEIN SCHEMA F

Den Umgang mit Versehrten in der Bundeswehr im Allgemeinen und auch mit ihm selbst sieht Jan durchaus kritisch. Er wollte dienen, durfte es aber nicht, so der Vorwurf. »Mein ehemaliger Kompaniechef verbot mir zum Beispiel, schießen zu gehen, obwohl es zum damaligen Zeitpunkt keine medizinische Begründung dafür gab. Das sagte er mir auch nicht unter vier Augen, sondern schickte mich von der Schießbahn zurück in die Kaserne. Auch Dienst-Kfz führen durfte ich nicht mehr, mir könnte

ja etwas passieren. Das war wie Treibsand. Je mehr ich trat, desto schlimmer ging es bergab. Als er mich dann noch mit einer schwangeren Frau verglich und sagte, ich hätte vielleicht früher mal was geleistet, heute aber nicht mehr, war es an der Zeit für eine Beschwerde. Nach meiner erfolgten Eingabe beim Wehrbeauftragten hieß es dann, er sei sensibilisiert worden im Umgang mit Einsatzgeschädigten – aus meiner Sicht zu wenig! Ich war der Willkür meines Vorgesetzten ausgesetzt.«

Unter seinem neuen Kompaniechef in der Luftlandepionierkompanie in Saarlouis sei das anders.

Sie kennen sich bereits aus einer vorherigen Verwendungen in der Kompanie. Das trage schon zu einem besseren Umgang bei. »Was noch wichtiger ist, er beschäftigt sich mit mir und hat sich einen Überblick über meine Situation verschafft. Er schaut sich meine Ausbildung an, er fragt meine direkten Vorgesetzten wie zum Beispiel meinen Zugführer und fragt dann auch: ›Wie sieht es aus, wird es besser oder schlimmer, wo hakt es denn?‹ So hat er immer ein aktuelles Lagebild über meine Situation. Er gibt mir gewissermaßen eine Perspektive.«

»ICH WEISS, MIT MEINEN SCHWÄCHEN UMZUGEHEN. «

VERSEHRTE WOLLEN INTEGRIERT WERDEN

Das Problem im Umgang mit Versehrten bei der Bundeswehr sei, dass viele nach außen hin nicht als solche zu erkennen seien und auch nicht so behandelt werden wollen, sagt Jan. »Ich will ja einfach nur ein Teil dieser Gemeinschaft sein. Wir wollen mitgenommen werden und nicht außen vor sein. Wenn es möglich ist, wollen wir in den alltäglichen Dienstbetrieb, soweit es geht, integriert werden. Wir wollen nicht auf der Auswechselbank sitzenbleiben, sondern Teil der Mannschaft auf dem Platz sein. Wenn ich irgendwas nicht leisten kann, dann sage ich das schon. Aber bis dahin kann ich (fast) überall dabei sein.«

Auch für die Therapie bei Versehrten wünscht sich der Fallschirmjäger mehr Individualität. »Ich kann zum Beispiel Dienst-Kfz fahren. Es werden händeringend Fahrer für den Mungo gesucht, ich wäre so einer, darf es aber nicht, weil nach Schema F geurteilt wird: Fehlerziffer X beinhaltet keine Berechtigung für das Führen eines Dienst-Kfz, also wird jeder Antrag abgelehnt. Somit bekomme ich eigentlich nicht die Behandlung, die der Dienstherr mir verspricht.« Er hoffe darauf, dass häufiger nicht nach diesem Schema F gehandelt werde, sondern, so wie bei ihm meist geschehen, zuerst gefragt werde, was er denn leisten könne. »Das ist kein Schema F, sondern individuell abgestimmte Therapie.« Jan selbst sieht sich auf einem guten Weg: »Erst einmal wieder gesund werden. Mit mir selbst im Reinen sein. Alles drumherum klären, sich wieder auf den Dienst konzentrieren und dann schauen, wo die Reise hingeht.«

Anmerkung: Jan möchte nicht mit Nachnamen und Dienstgrad genannt werden. Diesem Wunsch haben wir entsprochen.

Hauptfeldwebel Alexander Hammer
steht heute wieder fest im Leben.

MEIN EINSATZ IM KONGO

Der beste Freund des Menschen ist der Hund

Seit meiner Kindheit habe ich eine sehr ausgeprägte Bindung zur Natur, zu Tieren und zum Militär. Daher war es für mich immer das Ziel, nach meiner Ausbildung zur Bundeswehr zu gehen. Im Jahr 2001 konnte ich mir diesen Wunsch erfüllen und wurde Fallschirmjäger in Zweibrücken. Als im selben Jahr die ersten Hundezüge an drei Standorten aufgestellt werden sollten, meldete ich mich sofort als Freiwilliger.

Glücklicherweise wurde ich ausgewählt und durchlief die gesamte Ausbildung inklusive Hundeschule, zunächst mit einer Hündin namens Kira. Leider stellte sich alsbald heraus, dass sie nicht stark genug für den Einsatz im Aufgabengebiet bei den Fallschirmjägern war. Ich musste daraufhin zunächst zurück in meine alte Einheit. Zu meinem großen Glück wurde mir sehr schnell ein neuer Hund angeboten. Sein Name war Rambo. Das Erstaunliche für mich war allerdings, dass mir zu Beginn gesagt wurde, dass ich auf meiner Stelle als Hundeführer »sitzenbleiben kann«, wenn ich den Hund »packe«.

Was das genau bedeutete, war mir zu diesem Zeitpunkt allerdings noch nicht bewusst. Dies hatte jedoch zum Ergebnis, dass wir viel miteinander »arbeiten« mussten. Rambo und ich mussten zu einem Team werden, in dem er mich als »Alphatier«

akzeptiert. Dieser Kampf prägte die ersten Monate auf der Hundeschule. Wer ist der Chef im Ring? Rambo oder ich? Ich vergleiche diesen Kampf gerne mit den ersten fünf Jahren in einer Ehe: Man testet die Grenzen seines Partners und am Ende gewöhnt man sich daran. Nach drei Monaten intensiven Kämpfens hat Rambo schlussendlich meine Rolle als Alpha anerkannt und mich akzeptiert. Zusammen haben wir alle Lehrgänge und Prüfungen mit Bravour bestanden.

Rambo war ein toller Hund. Nicht nur im privaten Bereich, sondern vor allem dienstlich. Der Dienst in der Truppe war ein ständiger Wechsel zwischen Ausbildung, Übung und weiterführenden Lehrgängen.

Hauptfeldwebel Alexander Hammer wurde 1979 in einem kleinen Dorf in Sibirien geboren. Seit 2001 ist er Soldat und Fallschirmjäger. Er ist geschieden und hat zwei Kinder im Alter von acht und 13 Jahren, die seine Batterien aufzuladen vermögen. Er treibt täglich Sport – auch als Teil seiner Therapie – und wohnt in einem kleinen Dorf in der Nähe von Zweibrücken. Er dient vier Tage pro Woche im Hamburger Modell.

Alexander Hammer und Rambo beim Beobachtungshalt

Das hat gut funktioniert, auch wenn Rambo und ich ab und an Hierarchiekämpfe auszufechten hatten. Aber das gehört praktisch zu jedem Hund mit Cha-rakter, so wie es Rambo einer war. Ich musste zu jeder Zeit »auf Zack« sein, ansonsten übernahm er das Kommando.

EIN STARKES BAND ZWISCHEN MENSCH UND HUND

Ein Höhepunkt in der besonderen Beziehung zwischen Rambo und mir ereignete sich während meiner Verwendung in Lebach. Der dort in Aufbau befindliche Hundezug hatte zwar Mensch und Tier, aber anders als in Zweibrücken mangelte es an Material und Unterkünften für Hundeführer und Hund. Damit ich Rambo beim Übernachten in Stuben mit Mehrfachbelegung nicht anleinen musste, entschied ich, nicht nur auf Übung mit ihm im Zwinger zu schlafen. Das verbindet und war wohl die entscheidende Phase unseres Teambuildings.

An einem Freitag um 14 Uhr im Jahr 2006 war ich mit einem Kumpel privat unterwegs und wir wollten das Wochenende einläuten, als mein Zugführer mich anrief und sagte: »Lass den Hund kacken und komm zurück. Es geht los.« Dies war zwar im Allgemeinen keine Überraschung, da wir die gesamte Vorausbildung absolviert hatten, um den Hundezug Zweibrücken im Kongo abzulösen. Aber ich war nicht auf diese »übers Knie gebrochene« Abreise in Richtung Kongo eingestellt. Trotzdem waren wir auf dem Hinflug fast schon euphorisch. Immerhin hatten wir uns nicht umsonst auf diesen Einsatz vorbereitet, als Hundeführer sogar mit einer doppelten Belastung. Wir waren fit für den Auftrag.

Die Übernahme des Materials fand ohne nennenswerte Ereignisse und reibungslos statt, sodass wir nach zwei Tagen zusammen mit unseren französischen Kameraden nach Kinshasa verlegen konnten. Unsere Aufgabe war im Gegensatz zu unserer Unterbringung klar strukturiert: Bewachung des Flughafens und des Depots mit unter anderem den CHs, den niederländischen Drohnen und dem Fahrzeugpool der internationalen EU-Kongo-Mission (EUFOR RD Kongo). Untergebracht waren wir im Wechsel im Hangar des Flughafens, direkt neben der Landebahn, und in Typ-II-Zelten der Franzosen direkt neben dem Zaun, der das zivile kongolesische Leben von uns trennte. Die dauerhafte Anspannung, ob uns die Bevölkerung außerhalb des Zauns positiv oder negativ gegenüber eingestellt war, übertrug sich natürlich auch auf den Hund. Rambo schlief, genauso wie ich selber, gar nicht oder sehr unruhig. Immer im Modus »Selbstverteidigung«, das Umfeld und die Kongolesen beobachtend. Der Hund war ständig an der kurzen Leine.

Der Dienst am Tage war während der gesamten Zeit kein Problem. Es war eher ruhig und beschaulich, aber dafür waren die Nächte umso heftiger. Ich möchte dies im Folgenden anhand einer Situation erklären, die während meiner Zeit im Kongo praktisch austauschbar für fast jede Nacht vor Ort ist. Vorausschieben möchte ich, dass sich bei uns recht schnell der Eindruck festigte, dass unsere kongolesischen Kameraden ihre Kenntnisse des Geländes und des Materials vor Ort in der Nacht nutzten, um uns als Feind anzugreifen. Dies konnten wir damals genauso wenig wie ich heute beweisen, aber die gezielten Angriffe lassen eigentlich keinen anderen Schluss zu. Dieses Gefühl begleitete uns zu jeder Zeit und sorgte für eine zusätzliche Anspannung im Umgang mit diesen Soldaten.

Die erste Situation ereignete sich wenige Tage nach meiner Ankunft. Als ich mit Rambo auf Streife

» DIE KRANKHEIT WARTET AUF DEN EINSCHLAG! «

durch das Depot war, hörte ich plötzlich das Durchladen einer Waffe in meiner direkten Nähe. Ich warf mich hinter die nächste Deckung. Fast zeitgleich fielen die ersten Schüsse. Woher sie genau kamen, war aufgrund der Umgebung nicht genau festzustellen. Man konnte nichts sehen. Daher musste ich mich zu 100 Prozent auf Rambo verlassen. Ich musste den Hund »lesen« und mich täglich erneut auf ihn verlassen. Wir waren als Zug auf uns gestellt. Absprachen und konkrete Aufgaben erhielten wir selten, sodass wir im Spannungsfeld »selbstgestellter Auftrag« und »Kampf ums Überleben« alleine agierten.

Während meiner Zeit im Kongo ereigneten sich praktisch alle vorstellbaren Angriffe: Sprengfallen, Beschuss, versteckte Ladungen mit Draht als Auslöser. Eine Situation ist auch heute noch präsent. Wahrscheinlich, weil sie an meinem Geburtstag stattfand. Rambo zeigte während der nächtlichen Streife an. Vier Personen mit AK47 näherten sich der kniehohen S-Draht-Rolle durch den Busch an. Mein Zugführer wollte mit dem Durchladen seiner Pistole

P8 die Personen warnen. Als Antwort erhielten wir das Geräusch von vier durchgeladenen AKs. Rambo war bereit und wollte uns verteidigen. Nach kurzem Abschätzen der Entfernung vom eigenen Standort zur S-Draht-Rolle gab ich Rambo die Leine. Ich habe meinen Hund noch nie so gesehen. Mein Zugführer und ich nutzten diese Situation, um uns »klein und hässlich« zu machen, und konnten daher den Schüssen ausweichen.

Auch wenn meine Therapeutin und ich kein bestimmtes Ereignis festlegen können, das für meine PTBS ausschlaggebend ist, so ist doch der Beschuss der eigenen deutschen Kameraden im Zuge einer geplanten Operation aufgrund mangelnder Kommunikation sehr prägend für meine Psyche. Wir wurden aus dem Lager heraus mit »friendly fire« belegt, bis die Munition ausging. Diese Situation wurde niemals besprochen, sondern totgeschwiegen.

ZU HAUSE LIEF ALLES SO WEITER, ALS WÄRE NICHTS GEWESEN

Als wir am Ende der Kontingentzeit das Land verließen und zurück am Standort waren, gab es zwar für uns Soldaten die Untersuchung beim Truppenarzt und für Rambo zwei Tage Verwöhnprogramm inklusive einer sehr guten Untersuchung, aber eine wirkliche Nachbereitung der Seele fand nicht statt. Dies führte in Verbindung mit dem verlorenen Vertrauen gegenüber Kameraden dazu, dass ich immer verschlossener wurde. Ich konnte nicht mehr schlafen, da ich nachts beim Schließen der Augen die Angrei-

fer aus dem Kongo sah und beim Öffnen dieselben Menschen vor dem Fenster oder im Schlafzimmer.

Ich habe dies zunächst auf Stress geschoben. Wer kommt schon auf PTBS? Erst als sich ein Kamerad aus dem Zug das Leben nahm und das zwischenmenschliche Verhalten untereinander merklich distanzierter und unpersönlicher wurde, gestand ich mir ein, ein Problem zu haben. All dies geschah nicht von heute auf morgen, sondern zog sich über mehrere Jahre. Bei mir sogar bis ins Jahr 2016, wobei Rambos Tod 2014 sicherlich ein weiterer Rückschlag für meine Psyche war.

Ich wurde immer aggressiver, konnte keine Nacht durchschlafen, da ich immer wieder in die Situationen geworfen wurde. Mein Blutdruck ging durch die Decke. In dieser körperlichen Situation begann ich zu reden. Dies war mein Glück, denn durch die Geschichten, die ich erzählte, konnte die Truppenärztin meine PTBS fast umgehend diagnostizieren. Eine zweieinhalbjährige stationäre Behandlung im Bundeswehrkrankenhaus Ulm war das Ergebnis. Durch die Therapie »schwarze Kugel«, die sich auf die Verarbeitung traumatischer und nicht durchs Gehirn in gute oder schlechte Ereignisse im Leben eingeordnete Vorkommnisse konzentriert, schaffte ich den Schritt zurück ins mehr oder weniger strukturierte Leben.

»Ich gehe meinen Weg.«

Alexander Hammer und Rambo beim Beobachten des Vorfelds

FACHDIENSTFELDWEBEL IST MEINE NEUE HEIMAT

Durch meine PTBS-Erkrankung bin ich leider nicht mehr geeignet, um als Fallschirmjägerfeldwebel im Truppendienst und als Hundeführer eingesetzt zu werden. Das bedauere ich zu tiefst. Umso wichtiger war es mir, aus dem Standort Lebach zurück nach Zweibrücken zur 6. Kompanie des Fallschirmjäger-regiments 26 versetzt zu werden. Dort werde ich als Personalfeldwebel verwendet und habe auch in diesem Aufgabengebiet alle Lehrgänge erfolgreich absolviert. So gehört es sich.

Meine alte Kompanie ist zu meiner neuen Heimat geworden. Dort kenne ich die Kameraden und diese kennen mich. Ich bin in einer vertrauten Umgebung eingesetzt und genieße es jeden Tag, den Berg in Richtung Kasernentor hochzufahren. Es macht mir Freude und ich möchte das Gefühl, das ich empfinde, wenn das Tor näherkommt, mit dem Aufgehen der Sonne vergleichen. Alle Sorgen und Ängste, die zu einem ständigen Begleiter geworden sind, bleiben außerhalb der Kaserne. Während der Therapie habe ich gelernt, diese durch das Aufsuchen eines »sicheren Ortes« im Kopf zu kontrollieren und mich dadurch »runterzufahren«. Nach jahrelanger Therapie und funktionierendem Dienst ist die Kaserne für mich tatsächlich zu einem sicheren Ort geworden. Die Kaserne ist mein neuer »sicherer Ort« in Flecktarn.

Ich hoffe sehr, dass es bei mir nunmehr auch mit dem Dienstposten klappt und ich weiter in meiner vertrauten Kaserne verbleiben kann. Den aktuellen Dienstposten als Personalfeldwebel kann ich leider nicht auf Dauer besetzen.

Rambo im Einsatz

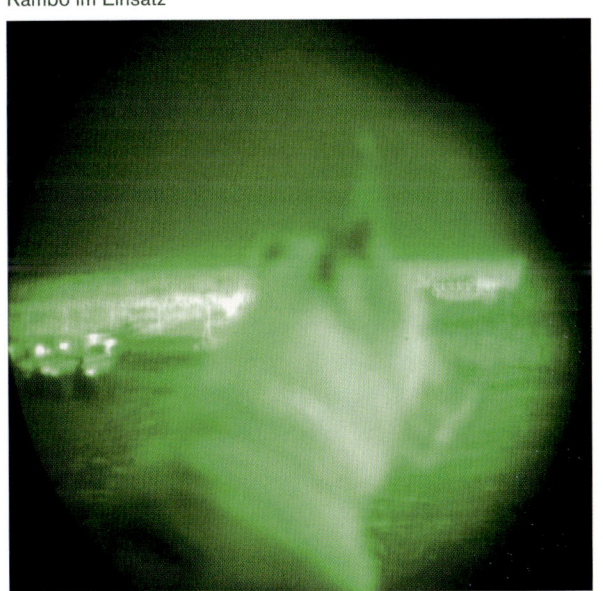

»Meine Gedanken drehen sich um die Geschehnisse – das werde ich wohl nie wieder los.«

Das Motto von Stabsfeldwebel Marco Ludwig lautet:»Nach vorne schauen – ohne Sorgen, aber mit Hoffnung!«

ICH GEBE NICHT AUF

Meine neue militärische Heimat

Stuttgart, im Dezember 2022: Nach einem langen, schweren Weg durch die Administration der Bundeswehr und einer dreijährigen stationären Behandlung meiner PTBS sitze ich heute als Organisationsfeldwebel in der Operationszentrale (OPZ) des Landeskommandos Baden-Württemberg. Ich bin wieder im Dienst und in der Uniform, die ich trage, angekommen.

Im Lagezentrum des Landeskommandos verfolgen wir die Geschehnisse im Bundesland. Es ist unsere Aufgabe, bei Naturkatastrophen oder anderen Ereignissen, die zu einem Amtshilfeersuchen des Landes führen könnten, unseren Kommandeur und den gesamten Stab zu informieren. Diese Information ist sehr wichtig, da das Landeskommando die primäre Ansprechstelle der Landesregierung in der Zivil-Militärischen Zusammenarbeit ist. Zu unseren Aufgaben gehört es unter anderem, die Unterstützungsanforderungen aus dem Bundesland zusammenzufassen, zu bewerten und aufzubereiten. Weiterhin muss das Team den Einsatz von Bundeswehrkräften in Abstimmung mit dem verantwortlichen zivilen Katastrophenschutzstab vorbereiten und deren Einsatz nach den Vorgaben der zivilen Seite koordinieren.

Ich bin angekommen, auch wenn noch alles sehr neu und ungewohnt ist. Zwölf Jahre war meine militärische Heimat Hammelburg, getreu dem Motto »einmal Hammelburg, immer Hammelburg«. Ich wurde 2002 in das Jägerlehrbataillon 353 in Hammelburg eingezogen und im Folgenden zum Jägerfeldwebel ausgebildet. Allerdings werde ich aufgrund meiner seelischen Verwundung im Einsatz nicht mehr in der Jägertruppe, sondern wie schon beschrieben im Landeskommando Baden-Württemberg verwendet und diene nunmehr in der Landeshauptstadt Stuttgart.

AFGHANISTAN WAR DER AUSLÖSER ...

Im Oktober 2009 flog ich nach Afghanistan, um dort meinen Auftrag in der QRF 4 zu erfüllen. Die ersten zwei Wochen, in denen wir die Ausrüstung über-

Stabsfeldwebel Marco Ludwig ist 42 Jahre alt, verheiratet und hat zwei Kinder. Seit 2002 ist er bei der Bundeswehr. Er leidet seit seinem Einsatz bei der Quick Reaction Force 4 im Jahr 2009 an PTBS, herbeigeführt durch seine Erlebnisse in Afghanistan.

Im Einsatz in Afghanistan: unterwegs mit dem TPz FUCHS

»Luft holen und auf den Auftrag fokussieren.«

nommen haben, verliefen ohne nennenswerte Ereignisse. Danach verlegten wir nach Kunduz und glaubten zunächst, dass wir zur Halbzeit des Kontingents abgelöst werden sollten. Nachdem wir die »Burg« bezogen hatten, ging es auch direkt in den Außendienst: Drei bis vier Tage waren wir außerhalb des Lagers unterwegs und dann ein oder zwei Tage im Lager. Allerdings hat dies nicht immer funktioniert.

Obwohl wir schon beim Verlegen nach Kunduz den ersten Feindkontakt hatten, war mir als junger Soldat die Bedrohungslage noch gar nicht wirklich bewusst. So ging es auch meinen Kameraden. Nach gut einer Woche hatten wir – hatte ich – die erste Berührung mit Tod und Verwundung; zwar nicht in den eigenen Reihen, aber es war für mich erschreckend, wie die Afghanen mit ihren Verwundeten und Getöteten umgingen: Ladeklappe auf, Menschen drauf, Ladeklappe zu und weg. Natürlich ist dies nur

meine subjektive Wahrnehmung, die durch die PTBS manifestiert wurde, denn als Gruppenführer vor Ort, der primär das Gefecht zu führen hatte, nahm ich dies alles nur unbewusst wahr. Die Bilder kamen jedoch zurück, nachdem ich zur Ruhe kam. Aber zu diesem Zeitpunkt stellten diese Erfahrungen noch kein Problem dar. Um die Situation vor Ort kurz und knapp zu erläutern, muss gesagt werden, dass wir jedes Mal, wenn wir außerhalb des Lagers unterwegs waren, einen »Tic« (Troops in Contact) hatten. Ein »Tic« bezeichnet eine Gefechtshandlung mit dem Gegner. Jeder dieser »Tics« alleine betrachtet wäre zwar ein schlimmes Erlebnis, für die menschliche Psyche – für mich – jedoch zu verarbeiten gewesen. Die Menge an Kampfhandlungen kurz hintereinander brachte das metaphorische Fass schließlich zum Überlaufen. Für mich persönlich wurde eine Patrouille zu Fuß zum alles verändernden »Tic«.

Nach einem langen Tag durch Dörfer westlich von Kunduz, der anstrengend war und unsere ganz Aufmerksamkeit forderte, kamen wir schließlich wieder zu unseren Fahrzeugen und wollten zurück ins Lager. Anders als normalerweise saß ich diesmal nicht so im Fahrzeug, dass ich die Gegend beobachten konnte. Kurz nach dem Aufsitzen schlug direkt hinter meinem Fahrzeug ein Leichtgeschütz ein. Aufgrund der Situation übernahm mein Stellvertreter das Führen vor Ort. Ich habe einfach abgeschaltet. Ich konnte das irgendwie nicht verarbeiten.

Zu diesem Zeitpunkt war mir überhaupt nicht bewusst, dass dies schon Anzeichen einer PTBS sein können. Im Folgenden funktionierte ich besser und ruhiger als davor. Ich konzentrierte mich auf das, was ich auf meinen Lehrgängen gelernt hatte, wandte die Führungsprozesse schulmäßig an. Alles war strukturiert und emotionslos, so wie ich es in der Ausbildung gelernt hatte. Ich funktionierte nach meiner Bewertung besser, als es sich meine Vorgesetzten hätten wünschen können und für meine Gesundheit gut gewesen ist. Das Dienen fühlte sich perfekt an und ich machte mir keine Sorgen um mich. Ich war stolz darauf, dass es lief, wie es lief.

... ABER ERST ZU HAUSE GING ES LOS

Meine Schwierigkeiten begannen erst, als ich wieder zu Hause war, wenn auch nicht unmittelbar. Die Zeit in der Jägertruppe und die damit verbundene Ausbildung – also die Umgebung – haben in Verbindung mit meiner Coping-Strategie den Ausbruch der PTBS

> »
> ## ICH HABE AFGHANISTAN NICHT ÜBERLEBT, UM JETZT ZUHAUSE AUFZUGEBEN.
> «

lange herausgezögert. Denn die Infanterie ist nicht leise, die Infanterie ist Power. Deshalb konnte ich meine Aggression und die angestauten Verhaltensmuster durch den täglichen Dienst kompensieren. Erst mit Beginn meiner Ausbildung an der Bundeswehrfachschule und der damit einhergehenden Ruhe bekam ich mehr Raum und Zeit für meine Gedanken. Im Nachhinein muss ich mir eingestehen, dass es klare Indikatoren einer PTBS gab, die ich jedoch nicht erkannt habe. Ich sagte mir immer, das wird schon wieder und das ist normal so kurz nach dem Einsatz. Aber es wurde nicht besser; im Gegenteil. Meine Ehe, die ich kurz nach dem Einsatz geschlossen hatte und die einen Sohn hervorbrachte, wurde schon nach sechs Monaten wieder geschieden. Meine Ehefrau konnte mit der Situation ebenfalls nicht umgehen. Wahrscheinlich wäre dieses Ereignis für fast alle ausreichend gewesen, um sich Hilfe zu suchen und sich einzugestehen, dass man ein Problem hat; nicht so in meinem Fall.

»Die PTBS wird immer ein Teil von mir sein.«

Ich habe dies nicht mit einem tieferliegenden Problem in Verbindung gebracht, sondern versuchte es einfach von mir wegzudrücken. Ich lernte sogar eine Frau kennen und lieben, mit der ich ein weiteres Kind bekam. Sie selbst brachte einen Sohn in die Beziehung, der mich aber nicht wirklich annahm. An einem Tag reizte mich der Junge mit den Worten »Auch dich bekomme ich noch raus aus dieser Familie« so sehr, dass bei mir die Sicherungen rausflogen. Als ich wieder zu mir kam, saß ich auf ihm und schaute in seine Augen. Das kann ich mir bis heute nicht verzeihen. Im Ergebnis musste ich die Wohnung auf Weisung des Jugendamts verlassen. Meine Tochter musste ich ebenfalls zurücklassen. Daraufhin bin ich zu meinen Eltern gezogen und habe mir Hilfe gesucht. Da ich zu diesem Zeitpunkt schon ausgeschieden war, lag die Verantwortung nicht mehr bei der Bundeswehr. Mein Weg begann auf einer Kriseninterventionsstation, die als Erstauffangstelle

in Ordnung war. Schnell habe ich jedoch feststellen müssen, dass die zivilen Therapeuten, auch wenn diese alles bis ins kleinste Detail erklärt bekommen wollten, das Geschilderte nicht einordnen und somit nur rudimentär helfen konnten. Diese Erfahrung war unter anderem der Auslöser für die Verbindungsaufnahme mit dem Lotsen meines ehemaligen Regiments. Dies war für mich ein Glücksfall, da ich aufgrund der Diagnose unter das Einsatzweiterverpflichtungsgesetz fiel.

Die Behandlung startete relativ zeitnah im Bundeswehrkrankenhaus in Koblenz mit einer Gesprächstherapie. Diese hatte für mich den Nachteil, dass ich nicht zu jeder Person eine ausreichende Vertrauensbasis aufbauen konnte. Vertrauen ist aber die Voraussetzung für diese Art von Therapie. Meine Schwierigkeiten lagen nicht nur darin. Ich hatte ein Problem damit, mich auf eine Therapie an sich und auf das medizinische Personal einzulassen.

Wesentliche Stütze in dieser Zeit waren die Gespräche mit Kameraden, die Ähnliches im Einsatz erlebt hatten. Manchen konnte man in die Augen schauen und wusste, dass ihre Geschichten nicht übertrieben dargestellt wurden. Diese Art von »zwischenkameradschaftlicher« Therapie hat mir ungemein geholfen. Dabei ging es selten um die detaillierte Beschreibung der Erfahrungen, sondern um das Erlebte drumherum; nach dem Motto »Ich war dort«, »Hast du dort auch gelegen?« oder »Mensch, dann musst du das ja auch kennen«. Ich sehe es so: Der Therapeut hat mir das Werkzeug in die Hand gegeben und die Gespräche mit den Kameraden haben die Knoten in meinem Kopf gelöst.

ES GING AUF UND AB

Um die Geschichte vollumfänglich und wahrheitsgemäß zu erzählen, darf und möchte ich nicht unterschlagen, dass es natürlich auch Rückschläge gab. In meinem Falle war es die »Selbstmedikation« mit Alkohol. Ich habe praktisch nichts an Spirituosen ausgelassen und der Höhepunkt waren zwei Flaschen Wodka am Tag. Mein Glück war, dass ich zwar körperlich, jedoch nicht psychisch abhängig wurde. Ich konnte mich umgehend vom Alkohol trennen und meine Therapie nach einer Entgiftung fortsetzen. Für mich ist es in der Rückschau unbeschreiblich wichtig, dass ich gelernt habe, einfach mal mitzumachen. All dies geschah, als ich mir nicht sicher war, was mit meinem Kopf und Körper los ist.

Ein weiteres einschneidendes Erlebnis war das Absetzen der Antidepressiva nach gut anderthalb Jahren. Auf einmal wieder alles zu fühlen und sich damit auseinandersetzen zu müssen, war sehr hart. Um dies zu bewältigen, musste ich Abwechselung in den Alltag bringen. Dies schaffte ich unter anderem mit dem Lernen von Häkeln und Stricken. Auch habe ich viel gezeichnet. Hauptsache, ich war beschäftigt – ich bin beschäftigt.

Mir ist bewusst, dass ich nicht mehr der Mensch bin, der in den Einsatz ging. Es hat gedauert, bis ich das akzeptieren konnte. Ich bin ein neuer Mensch und ich habe diesen neuen Menschen kennengelernt und schließlich als das angenommen, was er ist: nämlich ich. Das Wesentliche hierbei ist, dass ich meinen Alltag bewältigen kann, dass körperliche Reaktionen und mein Geist wieder eine bewusste

» ICH BIN EIN NEUER MENSCH. «

Einheit bilden. Ich empfinde mein Leben nicht nur als positiv, sondern suche ganz bewusst positive Erlebnisse, im Privaten mit meiner Ehefrau und den Kindern, aber auch im Dienstlichen.

Als die Frage aufkam, entschied ich mich sehr bewusst, den Berufssoldatenstatus anzunehmen. Hierfür gibt es aus meiner Sicht zwei Hauptgründe: Zum einen wurde ich im Dienst in der Bundeswehr verwundet, die Kameradinnen und Kameraden verstehen mich, verstehen diese Situation, und zum anderen war und bin ich Soldat aus Überzeugung. Der einzige Wermutstropfen meines momentanen Status in den Streitkräften ist der ständige, alle zwei Jahre wiederkehrende Kampf um Anerkennung meiner Krankheit und meines Status. Mir ist bewusst, dass dies zur Bewertung meiner Dienstfähigkeit und weiterer therapeutischer Maßnahmen und deren Planung, aber auch Einordnung finanzieller Ansprüche notwendig ist. Nichtsdestotrotz habe ich oft in diesem Zusammenhang das Gefühl, dass die Bundeswehr lediglich darauf aus ist, Geld zu sparen oder unbedingt nachweisen möchte, dass PTBS heilbar ist.

Hund Idor ist der treue Kamerad und Beschützer des ehemaligen Hauptfeldwebels Robert Müller.

VETERANEN BRAUCHEN EINE IDENTITÄT

Harte Überzeugungsarbeit für mehr politische Aufmerksamkeit

Herr Müller, Sie waren im Kosovo und in Afghanistan im Einsatz. Infolge der Erlebnisse in den Einsätzen erkrankten Sie an PTBS. Welche Erlebnisse haben zu Ihrer Erkrankung geführt?

In beiden Einsätzen war ich jeweils im Vorauskommando. Im Kosovo erlebte ich – erst knapp 21 Jahre alt – einen Krieg mit vielen Toten und Verstümmelten. Wir bewegten uns in lebensgefährlichen Situationen. Ich verlief mich in einem Minenfeld. Kameraden traten auf Minen und verloren Gliedmaßen. Hausdurchsuchungen, Geiselbefreiungen, Waffenfunde, Razzien, Jagd auf Kriegsverbrecher – die ganze Palette der Gewalt. Das führte irgendwann dazu, dass ich schlecht schlief.

In Afghanistan, im Jahr 2002, explodierte eine Rakete, die wir gerade entschärfen sollten. Fünf Kameraden – drei Dänen und zwei Deutsche – kamen dabei ums Leben. Die anderen und ich überlebten mit sehr viel Glück. Neben Splitter- und Brandverletzungen am Arm und am Rücken verlor ich Zähne, und der Knall zerriss meine Trommelfelle. Ich wurde mit dem MedEvac ausgeflogen, in Deutschland operiert und wiederhergestellt. Seitdem habe ich künstliche Trommelfelle, bin schwerhörig und leide an einem lauten und dauerhaften Tinnitus.

Hinzu kam eine PTBS, die relativ früh diagnostiziert wurde. Sie war aber für mich gar nicht so greifbar oder nicht so ausgeprägt. Das kam erst viele Jahre später. Ich war untherapiert 2003 und 2005 nochmals in Afghanistan, 2005 auch noch im Kampfeinsatz, und packte da sozusagen noch mal ein ordentliches Paket Trauma drauf. Ich war beim Bergen der Opfer eines Flugzeugabsturzes im Hindukusch dabei, der 103 Tote forderte. Und wir fanden Sprengfallen, hatten also wieder mit Sprengstoff zu tun. Das führte zu einer sogenannten Retraumatisierung.

Robert Müller war mehrere Male im Auslandseinsatz. Körperlich und seelisch hat er schwere Wunden davongetragen. Nach dem Ende seiner regulären Dienstzeit wurde er als Einsatzgeschädigter wiedereingestellt, verließ aber die Bundeswehr vor zwei Jahren wieder, weil er befürchtete, dass er in dem Umfeld, in dem seine Krankheit entstanden ist, nicht wieder gesund werden könne. Ein Kämpfer ist der 45-jährige ehemalige Hauptfeldwebel geblieben: Unermüdlich setzt er sich für die Belange von Einsatzgeschädigten ein. Sein Wirken und Schaffen zielt darauf, Veteranen in Deutschland ein Gesicht zu geben.

> **»**
> # WIR HABEN HEUTE DAS BESTE VERSORGUNGSSYSTEM IN DER NATO. DARAUF BIN ICH SCHON ETWAS STOLZ.
> **«**

Im August 2021 haben Sie die Bundeswehr verlassen, obwohl Sie bereits zum Berufssoldaten ernannt worden waren. Wie kam es zu diesem Schritt?

Das war ein schleichender Prozess, in dem ich merkte, dass ich als Einsatzgeschädigter von Anfang an um meine Versorgung kämpfen musste. Denn wir hatten 2002, als ich verwundet wurde, noch gar kein Einsatzversorgungsgesetz. Das trat erst Ende 2007 in Kraft und galt nur für Personen, die nach dem 1. Dezember 2002 verwundet wurden und zu mindestens 50 Prozent erwerbsunfähig geworden waren. Ich war zu früh »explodiert«, hatte nicht den richtigen Grad der Behinderung und fiel aus diesem Schema raus. Das bedeutete sehr viel politische Arbeit für mich. Ich habe meiner Erkrankung, der PTBS, ein Gesicht gegeben. Wenn man meinen Namen googelt, dann findet man sehr viele Artikel, Videos und Interviews. Die im Soldatengesetz festgelegte Pflicht zur Fürsorge hat für mich einen hohen Stellenwert. Diese Fürsorge habe ich meiner Ansicht nach nicht bekommen.

Ich wurde aufgrund des Weiterverpflichtungsgesetzes wiedereingestellt. Dieses Gesetz ist nur durch Initiative der Einsatzgeschädigten zustande gekommen, nicht durch die Politik, nicht durch das Verteidigungsministerium! Allein die Einsatzgeschädigten haben dafür gesorgt, indem sie laut protestiert und in vielen Interviews und Büchern darauf aufmerksam gemacht haben.

Die Invictus Games oder der Lehrgang Sporttherapie nach Einsatzschädigung, das sind alles Maßnahmen der jüngeren Zeit. Auch den PTBS-Beauftragten gibt es erst seit 2010. Bis dahin stellte man uns einfach auf ein Abstellgleis, so fühlte ich mich viele Jahre. Bis 2021 musste ich um die Anerkennung meiner Wehrdienstbeschädigung kämpfen. Und das verändert einen Menschen. Ich war Soldat, immer treu gedient, immer Fallschirmjäger im Herzen. Ich habe mein Leben riskiert und meine Gesundheit verloren. Irgendwann stellte ich mir die Frage, ob mir diese Loyalität zurückgeben wird.

Dann fasste ich den Entschluss: »Ich möchte kein Soldat mehr sein. Ich bin zu oft nicht ernst genommen worden in meiner Versorgung. Jetzt will ich Friedenstauben züchten und Frieden schaffen ohne Waffen.« Das stand auf einmal bei mir im Kopf. Ich klebte eine riesige Friedenstaube auf die Heckscheibe meines Autos und fuhr damit zur Führungsakademie der Bundeswehr, weil ich einfach nur noch provozieren wollte. Ich wollte das Gespräch mit den Offizieren, mit den Vorgesetzten erzwingen. Ich wollte, dass die gucken und sich fragen: »Warum klebt der sich jetzt eine Friedenstaube ans Auto?« Doch niemand hat die Taube wahrgenommen, niemand hat mich wahrgenommen. So fühlte es sich für mich an.

Ich hatte eine moralische Verwundung. Das ist eine relativ neue Diagnose, die erstmals in den USA so bezeichnet wurde. Ich habe meine Orden aus ISAF und KFOR in der Sahara eingegraben. Ich musste damit irgendwie abschließen, sonst komme ich von diesem ganzen Thema nicht weg. Ich will ja gesund werden. Das kann ich aber nicht dort, wo ich krank geworden bin. Jemand, der Grippe hat, kann nicht in einem Raum gesund werden, in dem nur Menschen mit Grippe sind. Das Fenster muss geöffnet werden und man muss diesen Raum verlassen. Und so war das auch für mich. Ich konnte nur gesund werden, wenn ich rausging. Deshalb habe ich die Bundeswehr verlassen. Dass ich nicht völlig gesund werden kann, weiß ich. Aber ich wollte gesünder werden. Ich wollte ein Stück weit der PTBS entgegentreten.

Robert Müller denkt viel darüber nach, wie die Wahrnehmung von Einsatzveteranen verstärkt werden kann.

Sie sind Autor des Buches »Soldatenglück«, mehrfach im Fernsehen aufgetreten und aktiv im Veteranenverein. Worin liegt Ihre Motivation, das Thema Veteranen und Versehrte in der Öffentlichkeit so sichtbar zu machen?
Ich habe lange als Lotse an der Führungsakademie gearbeitet und dort sehr viele Kameraden kennengelernt, die Hilfe brauchten. Diese Hilfe brauchen sie oft auch nach Dienst, spät abends oder am Wochen-

ende. Ein KSK-Soldat kam zu mir und sagte: »Robert, ich bin obdachlos. Ich lebe im Wald. Ich kriege mein Leben nicht mehr auf die Reihe.« Er sagte, er habe im Einsatz mehrfach getötet und brauche Hilfe.

So merkte ich: Wir müssen darauf aufmerksam machen. Auch ich selbst brauche diese Aufmerksamkeit. Ich wurde nicht wahrgenommen, wurde von meiner Familie völlig missverstanden. Dadurch gab es immer wieder Stress. Ich bin zweimal geschieden, weil ich meine Erkrankung nicht mit meiner Umwelt

Eine illustre Sammlung von Erinnerungsstücken bewahrt Robert Müller in seiner »Hab-mich-lieb-Ecke« auf.

in Einklang bringen konnte. Das hat in der Ehe eine große Rolle gespielt. So ging es vielen Kameraden.

Die einzige Chance, als geschädigter Einsatzveteran wahrgenommen und akzeptiert zu werden, ist es, das Thema öffentlich machen. Darüber zu reden und authentisch zu sein, ist entscheidend. Nur wenn man selbst seine Geschichte erzählt, erfährt man Verständnis und Anerkennung in der Gesellschaft. Und das haben wir gemacht.

Veteranen brauchen eine Identität. Wir haben bis heute kein wirklich tragfähiges Veteranenkonzept. Das hatte der damalige Verteidigungsminister Thomas de Maizière uns 2012 sehr medienwirksam versprochen. Wir haben nach wie vor kein Einsatzveteranenkonzept. Wir haben keine eigene Identität.

Eine Studie von 2013 besagt, dass sich in den USA täglich 22 Veteranen das Leben nahmen. Daraufhin starteten Hollywoodstars und andere Prominente die »22 Pushup Challenge«. Sie machten medienwirksam täglich 22 Liegestütze und warben um Nachahmung, um auf das Schicksal der Veteranen aufmerksam zu machen. Auf einem PTBS-Kongress stellte ich daraufhin die Frage: »Und wie viele Liegestütze machen wir in Deutschland?« Wir wissen es nicht! Wir wissen nicht, wie viele Einsatzveteranen in Deutschland sich heute aufgrund ihrer Einsatzerkrankung das Leben nehmen.

Andere Studien besagen, dass zwölf Prozent aller Inhaftierten in England Veteranen aus dem Afghanistan- oder Irakkrieg sind. Gibt es in Deutschland Untersuchungen, wie viele Häftlinge zuvor als Soldat im Einsatz waren, wie viele Veteranen einfach abgedriftet und auf die schiefe Bahn gekommen sind? Wir wissen auch nicht, wie viele Veteranen heute obdachlos sind.

Wir brauchen endlich ein Veteranenkonzept, das seinem Namen gerecht wird. Und das können wir nur bekommen, wenn wir den politischen Druck erhöhen und uns öffentlich als Veteranen zeigen.

> » NUR WENN MAN SELBST SEINE GESCHICHTE ERZÄHLT, ERFÄHRT MAN VERSTÄNDNIS UND ANERKENNUNG IN DER GESELLSCHAFT. «

Welche Projekte haben Sie sich für die Zukunft vorgenommen? Woran arbeiten Sie derzeit?
Aktuell bin ich Schulbegleiter, ein sogenannter »Sandkastenkrieger«. Ich begleite einen autistischen Jungen an einer Realschule. Ich habe noch nie mit einem Autisten zu tun gehabt. Das fühlt sich so an wie bei »Ziemlich beste Freunde«. Wir lachen viel, knallen aber auch mal aneinander. Soziale Arbeit macht mir sehr viel Spaß.

Aber für mich steht auch der Sport im Vordergrund. Ich bin gerade den Marathon des Sables, einen der härtesten Läufe der Welt, bis ins Ziel gelaufen. Darüber wird ein Film gemeinsam mit Joey Kelly, Til Schweiger und anderen Kameraden gedreht, der noch dieses Jahr herauskommen soll. Und 2024 möchte ich den Zeitrekord für einen Lauf von Süddeutschland nach Norddeutschland einstellen.

Bereuen Sie Ihre Zeit als Soldat?
Wenn man bei mir zuhause meine »Hab-mich-lieb-Ecke« anguckt, sind fast alle Orden da – außer denen, die im Saharasand vergraben sind. Alle Coins sind da, mein Barett und die vielen anderen Erinnerungsstücke, die ich stolz aufbewahre. Ich bereue die Zeit nicht.

Die Fragen stellte Major i. G. Marco Heß.

Oberstabsfeldwebel Gregor Ballsieper
nimmt seinen Fürsorgeauftrag sehr ernst.

DER SPIESS – FÜRSORGE STEHT AN ERSTER STELLE

Wer sein Herz ausschütten muss, ist beim Kompaniefeldwebel richtig

Zu uns werden immer wieder Einsatzversehrte versetzt, viele davon mit einer PTBS. Derzeit sind es elf Kameraden, die mein Co-Spieß Oberstabsfeldwebel Strucken und ich gemeinsam betreuen. Dabei steht eines an erster Stelle: Die Kameraden sind nicht für uns da, sondern wir für sie. Wir müssen ihnen helfen, wieder Stabilität und Struktur in ihr Leben zu bekommen – einen Anker für sie bilden. Vertrauen aufzubauen, zuzuhören und empathisch zu sein sind Grundvoraussetzungen für die Unterstützung der Einsatzversehrten.

MAN MUSS SICH ZEIT NEHMEN

Das geht nicht mal schnell nebenbei. Sich Zeit zu nehmen, ist entscheidend. Da kann ein Gespräch schon mal weit über vier Stunden dauern. Wer dann sagt, dass es einem leid tue, man müsse jetzt zu einer Besprechung, der hat den Fürsorgeauftrag des Spießes nicht wirklich verstanden. In solchen Situationen, in denen ein Kamerad oder eine Kameradin einem das Herz ausschüttet und sich vollkommen öffnet, müssen alle anderen Verpflichtungen in den Hintergrund treten.

Spieße sind die »Kümmerer« der Einheit. Wenn die Einheit auf Übung ist, stellen sie sicher, dass jeder ein Bett und etwas zu essen hat. Die Betreuung

Oberstabsfeldwebel Gregor Ballsieper ist Kompaniefeldwebel (»Spieß«) im Stabszug des Deutschen Anteils des I. Deutsch-Niederländischen Corps in Münster. Dort kümmert er sich gemeinsam mit den anderen Spießen der Einheiten um die Einsatzversehrten des Verbandes. Für dieses Engagement wurde er vom Inspekteur des Heeres auf Vorschlag seiner Kameraden mit einem Bestpreis ausgezeichnet. Gleichzeitig gehört Oberstabsfeldwebel Ballsieper dem Beratergremium der Spieße des Inspekteurs des Heeres an. Er berichtet hier über seine Erfahrungen mit den Versehrten und gibt einen Einblick in sein Selbstverständnis als Spieß.

Für Gregor Ballsieper endet die Fürsorgepflicht nicht mit dem Feierabend.

steht im Vordergrund. Die Versehrten haben denselben Anspruch darauf, dass auf ihre Bedürfnisse eingegangen wird. Nur dass man sich um andere, hauptsächlich seelische Bedürfnisse kümmern muss.

Das erfordert mitunter ein breites Kreuz. Da muss dem Chef und dem Kommandeur auch mal deutlich gemacht werden, dass die Kernaufgabe der Fürsorge Vorrang vor der Besprechung hat. Das heißt aber nicht, dass nur streicheln angesagt ist. Ein deutliches Wort und auch offene Kritik am Verhalten bieten ebenso feste Strukturen wie geregelte Arbeitszeiten und ein klarer Aufgabenbereich.

Ich freue mich über jede Erfolgsgeschichte, die ich erleben darf und zu der ich einen kleinen Beitrag leisten kann.

Wie beim Hauptfeldwebel Steinkat gehören dazu ganz viele helfende Hände. Das geht vom Kommandeur über die Kameraden der Einheiten bis hin zur Militärseelsorge. Es sind gemeinsame Anstrengungen, die zum guten Ergebnis führen. Dafür muss aber allen Beteiligten das Wohl der Versehrten am Herzen liegen. Und das hat auch seinen Preis. Bei mir bedeutet das, ich nehme die Kameraden im Kopf mit nach Hause.

DIE VERSEHRTEN GEBEN UNS ETWAS ZURÜCK

Keiner der Einsatzversehrten ist wie der andere. Es gibt daher kein »Schema F«, nach dem man vorgehen könnte. Der eine braucht einen Rückzugsort, der andere ein offenes Ohr und wiederum andere eine Tätigkeit, in der sie sich einbringen können und sich gefordert fühlen. Das Ganze ist keine Einbahnstraße. Die Kameradinnen und Kameraden geben uns auch etwas zurück. Der große Mehrwert besteht schon darin, dass sie die anderen sensibilisieren. Die Versehrten halten uns immer vor Augen, was unser Beruf bedeuten kann.

Da gab es zum Beispiel einen Versehrten, den wir in den Pionierzug brachten. Das war ein Macher. Die beste Therapie für ihn war eine sinnvolle Tätigkeit. Nach drei Wochen stellte er bei einer Zugfeier eine Kiste Bier hin und erzählte seine Geschichte, damit die anderen ihn und sein Verhalten einordnen konnten. Die »harten« Pioniere hatten an dem Abend Tränen in den Augen. Diese Geschichte hat in dem Zug extrem viel entfaltet. Er hält heute viel enger zusammen. Und der Versehrte, der zuerst nur ein-

fache Tätigkeiten ausführen konnte, ist heute ein wichtiger Bestandteil im Führerkorps der Teileinheit.

Ich höre immer wieder von Einsatzversehrten, die an PTBS leiden, dass ihnen in anderen Einheiten vorgeworfen wurde, sie würden simulieren. Es ist nicht der Spieß oder der Chef, der das zu beurteilen hat. Ärzte haben das zu entscheiden. Die Vorgesetzten sind ohne Wenn und Aber zur Fürsorge verpflichtet.

> »
> # ES SIND GEMEINSAME ANSTRENGUNGEN, DIE ZUM GUTEN ERGEBNIS FÜHREN.
> «

Hauptfeldwebel Andreas Steinkat führt
durch die Ausstellung im Rathaus von
Ostbevern und erläutert zu jedem Bild
seine persönlichen Erfahrungen.

PROBLEME VERWANDELN SICH IN KUNSTWERKE

Hauptfeldwebel Andreas Steinkat verarbeitet belastende Erinnerungen an seine Afghanistan-Einsätze in Bildern, mit deren Hilfe er seine Erfahrungen mit anderen Menschen teilen kann

Andreas Steinkat ist 58 Jahre alt. Er trat 1984 als Panzergrenadier in die Bundeswehr ein und verließ sie nach acht Jahren wieder, um Krankenpfleger beim Deutschen Roten Kreuz (DRK) zu werden. Vollständig hat er die Bundeswehr jedoch nie hinter sich gelassen. »Die Hälfte meiner Dienstzeit beim DRK habe ich eigentlich bei der Bundeswehr verbracht. Ich war kein Dauerreservist, aber viele Jahre für die Bundeswehr unterwegs, und sie hat mich in meinem Leben nie ganz verlassen«, sagt der heutige Hauptfeldwebel.

Er wirkt freundlich, hat immer ein Lächeln auf den Lippen und freut sich über die große Resonanz. Neben seiner Familie, Freunden und Bekannten sind Einwohner der Stadt Ostbevern und auch der Bürgermeister gekommen. Dieser spricht zur Eröffnung über ihn als »Andreas, einen Sohn der Stadt«, den viele hier kennen würden, der sich für die Stadt engagiere und, wie ja auch viele wüssten, bei der Bundeswehr sei. Direkt neben dem Bürgermeister hängt eine Uniform in Wüstentarndruck, daran eine Einsatzmedaille aus Afghanistan. Hauptfeldwebel Steinkat war mehrfach im Einsatz, hauptsächlich im Einsatzlazarett in Kabul. Hier versorgte er verwundete Soldaten und Zivilisten.

Einmal im Jahr findet im nordrhein-westfälischen Ostbevern der Kastaniensonntag statt. Die Gemeinde rüstet sich für ihr Volksfest. Eine Bühne wird aufgebaut, die verschiedenen Stände bereiten sich auf ihre Gäste vor. Hundert Meter neben der Bühne versammeln sich Menschen neben dem Rathaus, begrüßen einander und unterhalten sich. Viele tragen Alltagskleidung, nur einer sticht etwas heraus. Er trägt Uniform. Es ist Hauptfeldwebel Andreas Steinkat. Er ist der Anlass für die kleine Menschenansammlung, denn er lädt an diesem Tag zu seiner Vernissage ein.

Hubschrauber spielen eine Schlüsselrolle im Kunstschaffen von Andreas Steinkat. Ihr Anblick und ihre Geräusche reißen noch heute tiefe seelische Wunden in ihm auf, indem sie ihn an die schwerverletzten Kinder und Soldaten erinnern, die damit in Afghanistan zur Wundversorgung herangebracht wurden.

EINSATZERFAHRUNGEN IN BILDERN VERARBEITET

Seine Erfahrungen aus den Einsätzen sind der Grund für seine künstlerische Schaffenskraft. Auf den ersten Blick wirken die farbenfrohen, großformatigen Bilder wie Pop-Art, angelehnt an Andy Warhol. Die Botschaft dahinter erschließt sich erst auf den zweiten Blick. Dann erkennt der Betrachter Panzer, Explosionen und Kampfhubschrauber.

»Die verwundeten Soldaten haben mich eigentlich nie so getroffen. Das große Problem, das nicht mehr aus dem Kopf gelöscht wird, sind die verletzten Kinder. Kleine Kinder, die auf Minen getreten sind mit dramatischen Folgen. Und dieser Geruch von verbranntem Menschenfleisch und so weiter. Das hat mich sehr lange belastet. Ich konnte viele, viele Jahre gar nicht grillen, weil ich immer diesen Geruch in der Nase hatte. Heute kann ich wieder grillen. Viele Dinge sind heute wieder möglich, aber es ist schwierig.«

Dass er heute den Besuchern seiner Vernissage seine Bilder so frei vorstellen und über das Erlebte sprechen kann, ist für ihn nicht selbstverständlich. Bis dahin war es ein langer Weg. »Wenn ich nicht einen Chef gehabt hätte,« sagt Hauptfeldwebel Steinkat nachdenklich, »der mich unterstützte in all dieser Zeit, mein alter Chef, der sagte: ›Andy, ich unterstütze dich und helfe dir!‹, dann wäre es sehr, sehr schwer geworden.«

Die Verfahren für Reservisten, die an PTBS erkranken, wertet Steinkat als unzureichend: »Man ist eigentlich am Ende und man sieht keinen Aus-

weg mehr. Also es geht wirklich ganz steil bergab. Man hat keine wirtschaftliche Absicherung. Das war sehr unschön! Ich war ja Zivilist und wurde krankgeschrieben. Irgendwann war das Lohnfortzahlungsende erreicht, und dann sagte die Krankenkasse: ›Das ist Ihnen doch bei der Bundeswehr passiert. Damit haben wir nichts zu tun.‹ Dann kommt man in die Situation, wo man sich fragt: ›Wie geht's denn jetzt weiter? Wer ist zuständig?‹ Gleichzeitig war ich aber gar nicht mehr allein lebensfähig.«

UNERTRÄGLICHE UND ÜBERFORDERNDE SITUATION

Diese Situation war für Steinkat sehr brisant, nahezu unerträglich. Er stellte dann einen Antrag auf Wehrdienstbeschädigung über den Sozialdienst in Münster. Über ein Jahr dauerte es, bis der überhaupt bearbeitet wurde. »Irgendwann bekam ich jeden Tag Post von allen Seiten: Krankenversicherung, Rentenkasse, was weiß ich nicht alles. Ich war mit der Situation total überfordert. Erst als der Verband der Kriegsgeschädigten mir unter die Arme griff, ging es vorwärts. Irgendwann bekam ich einen Anruf: ›Herr Steinkat, Sie werden wiedereingestellt.‹ Da war für mich zumindest ein Anfang gemacht und auch eine Besserung der wirtschaftlichen Situation in Sicht.«

Auch die wüstentarnfarbene Feldbluse mit den Einsatzmedaillen von Andreas Steinkat hängt in seiner Kunstausstellung. Sie gemahnt an die tragischen Ursprünge seiner Bildmotive und unterstreicht seine persönliche Betroffenheit.

» ES IST NICHT IMMER NUR DER EINE GROSSE VORFALL. «

Andreas Steinkat führt seine Besucher durch die weißen Gänge des Rathauses, bleibt bei jedem einzelnen Bild stehen und erklärt, wie er das Bild erstellt hat und was er damit ausdrücken möchte. Für einige Bilder nutzt er Profilbilder von sich selbst. Mit starrem Blick und aufgerissen Augen schaut dort ein Mann den Betrachter an, der nur in wenigen Zügen jenem gleicht, der sie erklärt. Zwischen beiden – dem Porträt und dem Künstler – scheinen Welten zu liegen.

Dass er so offen über seine Krankheit sprechen und sein Leben mit der Krankheit führen kann, hat er auch seinen Kameraden zu verdanken. Steinkat erklärt: »Am 1. April 2019 trat ich im Deutsch-Niederländischen Corps wieder in die Bundeswehr ein. Mein erster Kontakt war Oberstabsfeldwebel Gregor Ballsieper, und er begleitet mich bis heute in einer für mich absoluten Ausnahme-Vorbilds-Funktion. Gregor ist der Mann, der sich nicht nur um alle Soldaten kümmert, sondern der sich vor allem für die einsatzverwundeten Kameraden sehr stark engagiert. In der ersten Zeit ging es mir noch sehr schlecht. Die ersten Monate und Jahre waren teilweise katastrophal. Ich war nur bedingt dienstfähig, und Gregor hat sich immer – wie ein Spieß das macht: ›Komm, gehen wir mal eine rauchen‹ oder ›Komm mal zum Kaffee‹ – Zeit für einen genommen, zugehört und einem das Gefühl gegeben, dazuzugehören.«

Gregor Ballsieper habe die PTBS-Erkrankten an einen Tisch geholt. Steinkat erinnert sich: »Das ging damals vom Kommandeur des Corps, General Marlow, aus. Er und die Militärseelsorgerin, Pfarrerin Brigitte Pagnoux, waren sehr häufig mit dabei. Diesen und vielen anderen Menschen in der Bundeswehr habe ich sehr viel zu verdanken. Ohne sie hätte ich den Weg aus der Krankheit nicht gefunden. Aber vor allem Gregor Ballsieper ist für mich heute ein leuchtendes Beispiel für das, was alles richtig laufen kann. Heute, im achten Therapiejahr, habe ich viel für mich erreicht und wieder auf den Weg bringen können. Ich habe einiges wieder geschafft, aber das war nicht immer so, und Gregor hat immer wieder den Daumen draufgelegt und gedrückt, hat gesagt: ›jetzt aber‹, und das war gut so.«

ÜBER DIE SEELSORGE ZUR KUNST

Heute dient Hauptfeldwebel Steinkat in der Militärseelsorge an der Seite von Pfarrerin Pagnoux. »Ich unterstütze die Militärpfarrerin bei all ihren Aufgaben. Alles außer Kirchenkasse, da bin ich raus. Aber ansonsten bin ich Vorzimmerdame, Brötchen-

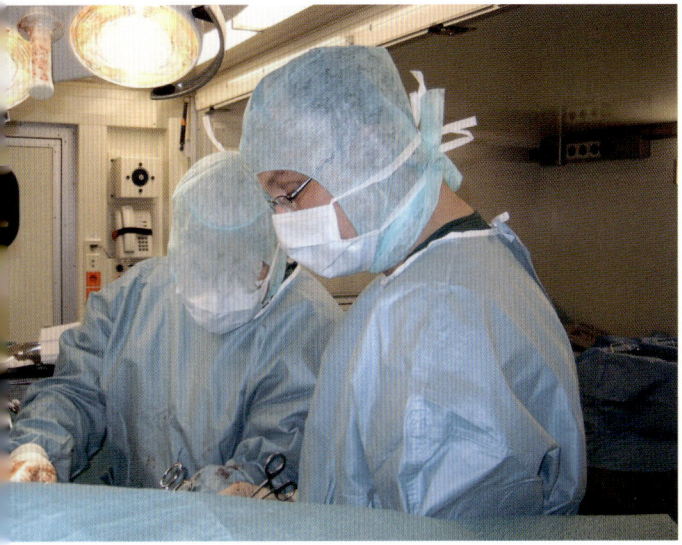

Tätigkeit im Auslandseinsatz: während einer Operation im Einsatzlazarett Kabul …

… und mit Kampfmittelweste und Gewehr vor einem Transportpanzer Fuchs.

schmierer und Kraftfahrer. Ich bin der Küster. Ich bereite den Altar vor und decke den Tisch für Besucher. Ich bin aber auch Ansprechstelle für viele Soldaten. Viele sprechen ganz gern erst einmal mit dem alten Hauptfeldwebel, bevor sie an die Pfarrerin herantreten. Ich bin kein Seelsorger, aber mittlerweile ein Ansprechpartner für viele Kameraden geworden, und das – glaube ich – kann ich ganz gut.«

Über das von der Militärseelsorge ASEM angebotene Seminar Kunsttherapie fand er auch den Zugang, das Erlebte künstlerisch zu verarbeiten. »Über die Kunst«, so Andreas Steinkat, »kann ich meine Emotionen, meine Wahrnehmung von Ereignissen und anflutende Triggerreize verarbeiten. Ich erstelle immer erst ein Bild. Erst wenn es wirklich fertig ist, schreibe ich eine Bildbeschreibung. Das ist mein therapeutisches Vorgehen. So hat die Kunst mein Leben sehr stark verändert.«

Steinkat war bis Mitte 2022 im Leistungssport Boxen als Kampfrichter national und als Trainer tätig. Als Trainer Leistungssport Boxen hat er viele erfolgreiche Sportler hervorgebracht. Und dennoch ist es heute die Kunst, die ihn weiter nach vorne bringt: »Mit der Kunst kann ich mich ausdrücken, mit der Kunst kann ich mich wahrnehmen. Alles das, was sonst manchmal nur eingeschränkt möglich ist. Kunst eröffnet mir einen neuen Weg, Dinge anzusprechen und vielleicht auch für andere Kameraden

> **»ÜBER DIE KUNST KANN ICH MEINE EMOTIONEN, MEINE WAHRNEHMUNG VON EREIGNISSEN UND ANFLUTENDE TRIGGER-REIZE VERARBEITEN.«**

eine Grundlage zu schaffen, dass sie mit der Erkrankung leben und sie annehmen können.«

MIT DEN HELIKOPTERN KAMEN DIE VERWUNDETEN

Hauptfeldwebel Steinkat bleibt vor einem Bild stehen. Ein übergroßes Auge starrt den Betrachter an; pulsierende, rote Linien gehen von ihm aus. All das überlagert einen dunkelblauen Himmel, in dem sich ein Helikopter zu bewegen scheint. Zum ersten Mal verliert seine Stimme die Freundlichkeit, die Augen fokussieren einen Punkt hinter den Zuhörern: »Helikopter ist einer meiner Haupttrigger, der war in der Vergangenheit schon mal durch therapeutische Maßnahmen sehr, sehr weit nach hinten geschoben und eigentlich weg.«

Andreas Steinkat hatte mehrere Jahre keine Triggerreize mehr durch Hubschrauber. Aber jetzt sei es doch wieder dazu gekommen, weil er in unmittelbarer Nähe mit einem Hubschrauber konfrontiert worden sei: »Der ist direkt neben mir gestartet. Ich konnte wieder die Druckwelle des Rotors spüren. Das hat mich sehr getriggert. Hinterher bekomme ich dann immer körperliche Beschwerden.« Steinkats Stimme zittert, als er erklärt: »Mit den Helikoptern wurden in Afghanistan immer die schwerverletzten Soldaten ausgeflogen und zu uns gebracht.«

Später am Nachmittag, das Kastanienfest von Ostbevern ist mittlerweile gut besucht, betritt der Bürgermeister die Bühne und verweist auf die Ausstellung im Rathaus. In einem stetigen Strom kommen Gäste und schauen sich die Bilder an. Andreas Steinkat begrüßt alle freundlich, führt sie durch die Bilder, erklärt die Hintergründe und seine Krankheit. Während er drinnen erklärt, kommt vor dem Gebäude ein kleines Mädchen auf den Eingang zu gehüpft. Ein Mann im mittleren Alter folgt zügig. »Papa, Papa, schau mal die bunten Bilder. Die will ich mir angucken!« Der Vater hält seine Tochter fest: »Das ist nichts für dich. Da geht es um Soldaten.« Und führt sie weg.

Heute unterstützt Stabsfeldwebel Sascha Kaufmann unter anderem den Kompaniefeldwebel bei der Essenausgabe.

DER MANN MIT DEN ZWEI FAMILIEN

Ehefrau und Kameraden geben Sascha Kaufmann Halt im Zivilen und im Dienst

Für den 46-Jährigen Stabsfeldwebel Sascha Kaufmann hat vor allem seine Ehefrau dafür gesorgt, dass er sich helfen lassen will, wie er selbst sagt. »Sie hat mir, auf Deutsch gesagt, in den Hintern getreten.«

Seine zweite »Familie«, die Stabs- und Fernmeldekompanie der Luftlandebrigade 1 in Saarlouis, ermöglicht es Kaufmann, dass er weiterhin Soldat sein kann und dass er akzeptiert wird, so wie er ist. Seit 20 Jahren ist er jetzt schon in dieser Einheit – die Verbundenheit mit einigen der »alten Hasen« sei groß und wichtig für ihn, betont er.

Nach außen hin wirkt Kaufmann wie ein ganz normaler Soldat, doch der Eindruck täuscht. Denn hinter der Fassade, er spricht selbst von Maske, verbirgt sich »ein kranker, ein kaputter Mann«, so Kaufmann.

»Es war ein langer Weg, bis ich mir eingestanden habe, dass ich Hilfe brauche. Man sieht es nicht: Also ich habe keinen Arm, kein Bein verloren, ich bin nicht entstellt durch irgendwelche Granatsplitter. Ich habe mich auch lange nicht so gesehen – als einsatzversehrt. Mittlerweile bin ich aber an dem Punkt, an dem ich zugeben muss, dass die Ursachen im Einsatz zu suchen sind. Und diese Einsicht fällt schwer, weil man es von außen halt nicht sieht.«

ZUNEHMENDE VERÄNDERUNG NACH DEM EINSATZ

Nach der Rückkehr aus dem Einsatz im Kongo im Jahr 2006 habe er sich immer mehr verändert. Äußerlich war er wie immer, innerlich aber nicht. »Ich war früher eigentlich ein sehr ruhiger, geduldiger Mensch. Es hat sehr lange gedauert, bis ich mal die Kontrolle verloren habe. Das hat sich nach dem Einsatz immer mehr geändert. Ich bin wegen Kleinigkeiten total ausgerastet. Zum Beispiel wollte ein Soldat einen Tag früher von einer Dienstreise in der

Sascha Kaufmann war 2006 im Kongo für die Bundeswehr im Einsatz. Seitdem ist der Stabsfeldwebel ein anderer Mensch. Ohne seine zwei Familien hätte er den Weg zurück nicht geschafft.

Normandie nach Hause fahren. Der hatte aber ein Fahrzeug zu übergeben. Eigentlich ja auch kein Problem, es wären genug andere Soldaten dagewesen, die das Fahrzeug hätten übernehmen können. Ich aber bin komplett ausgerastet.«

Dieses Schema zog sich dann immer häufiger durch Kaufmanns Dienstalltag. Schon die kleinsten Veränderungen brachten ihn aus dem Gleichgewicht. Kleinigkeiten wurden zu Problemen, führten mitunter zur Überforderung. Auch neigte er zum Perfektionismus, wollte nichts mehr dem Zufall überlassen.

»Ich versuche halt alle Fehler auszumerzen, die entstehen könnten. Das funktioniert natürlich nicht. Selbst wenn ich alles richtig machen sollte, heißt es

ja noch lange nicht, dass mein Gegenüber das auch so macht. Irgendwann kann man es halt nicht mehr kontrollieren. Das führt auch dazu, dass andere Dinge liegen bleiben. Das alles hat mich in meinem Alltag dann ziemlich aufgerieben.«

PISTOLE AUF DIE BRUST: REDEN ODER FLIEGEN

Bis zum Jahr 2014 funktioniert der Stabsfeldwebel nach außen hin. Er dient nach wie vor in seiner Kompanie. »Ich habe die ersten Jahre ganz normal meinen Dienst gemacht. Ich denke, dass es vor allem für meine Kameraden schwierig war, da sie mit meinen Launen zu kämpfen hatten. Ich bin über die Jahre immer weiter ins Extreme und Negative gerutscht. Von außen hat aber alles funktioniert – also Aufträge passten und wurden erledigt.«

Kaufmann versucht unter anderem mit Alkohol seine Ängste zu betäuben. Im Urlaub mit seiner Frau kommt es zum Schlüsselerlebnis: Bei der Vorbereitung für das gemeinsame Kochen verfällt er wieder in sein typisches Muster. Kaufmann ist sehr fokussiert auf seine Aufgabe, schaut nicht rechts und links. »Ich habe nur mir das Brettchen zum Schneiden und das Messer hingelegt, nur mein Gemüse, dass ich zubereiten sollte, aus dem Kühlschrank genommen – da ist meine Frau dann ausgerastet und hat mir die Pistole auf die Brust gesetzt. ›Entweder

Das Fahrzeug, in dem Sascha Kaufmann und ein Oberleutnant saßen, wurde von einer Menschenmenge attackiert.

du machst jetzt was, du redest mit mir, oder ich buche den nächsten Flug nach Hause und dann hat sich die Sache erledigt.‹ Das hat mir die Augen geöffnet, dass da irgendwas nicht stimmt.« Kaufmann bricht zusammen und erzählt seiner Frau, was ihn seit dem Einsatz bedrückt, warum er so ist, wie er ist.

Als Oberfeldwebel war Sascha Kaufmann im Kongo im Einsatz.

BLOSS KEINE FEHLER MACHEN

Es sind vor allem zwei Schlüsselerlebnisse, die ein Trauma ausgelöst haben. Kaufmann war damals zuständig für die Sicherstellung der Fernmeldeverbindung mit Funk und Tetrapol. Nach starken Regenfällen war das Zelt mit den Funkgeräten buchstäblich abgesoffen und alle Funkgeräte beschädigt. Um die notwendigen Ersatzteile zu kaufen, machten sich zwei Kameraden mit einem Fahrzeug auf nach Kinshasa. Kurz vor dem Ziel wurde der Wagen der beiden von einer Menschenmenge attackiert. Glücklicherweise war ein gepanzertes UN-Fahrzeug in der Nähe, das sich schützend vor den Wagen der beiden Bundeswehrsoldaten stellte. So kehrten beide unversehrt zurück.

Neben den beschädigten Funkgeräten gab es Probleme mit Tetrapol. Die Geräte schalten sich bei zu großer Hitze ab und funktionieren nicht mehr. »Über Funk haben wir die beiden Kameraden nicht reinbekommen, aufgrund der Bebauung und dieser Tetrapol-Probleme. Schließlich haben die beiden es über Handy versucht, die Verbindung hat dann funktioniert. Irgendwann geht dann aber die Fehlersuche los«, erklärt der Stabsfeldwebel.

»Ich gebe mir halt die Schuld daran, dass der Funk in dem Moment ausgefallen ist, weil ich mein System nicht richtig überwacht und kontrolliert habe. Auf der anderen Seite muss man sagen: Ich hätte an der Situation nichts ändern können. Wir hatten nun einmal keine Klimaanlage, um die Geräte zu kühlen.« Dieses Erlebnis führte dazu, dass Kaufmann noch heute alles so akribisch wie möglich erledigen möchte. Er will keine Fehler mehr machen, kontrolliert alles zigmal und steigert sich extrem in Dinge hinein.

BEUNRUHIGENDE MENSCHENMENGE

Das zweite Schlüsselerlebnis betrifft Kaufmann direkt. Auf einer Fahrt vom Flughafen zurück ins Feldlager wird der Geländewagen, in dem Kaufmann auf der Rückbank sitzt, von einer Menschenmenge aufgehalten und bedrängt. »Keiner wusste, was da los war, was die Menge von uns wollte«, so der Stabsfeldwebel. Offenbar wollten die Leute nur die guten Wahlergebnisse feiern, die kurz vorher verkündet worden waren. Doch für den Soldaten Kaufmann wirkte die Situation nicht wie etwas Positives. Im Gegenteil – er lädt seine Waffe durch und ist bereit zu schießen.

»Jetzt saß ich also gefechtsbereit im Fahrzeug und der Oberleutnant vorn meinte, wir sollten erstmal ruhigbleiben. Gefühlt hat das alles eine Ewigkeit gedauert. Die Menge hat am Fahrzeug gewackelt, Sachen ins Auto reingeworfen. Vom französischen Offizier hieß es dann irgendwann: ›Die sind am Feiern.‹ Ich selbst saß also hinten und sagte: ›Sobald einer die Hand ins Fahrzeug reinhält, schieße ich.‹ Ein paar Wochen zuvor waren in einem Fußballstadion Polizisten bestialisch hingerichtet worden – wir wussten alle nicht, was diese Menschen jetzt wollten. Ich hatte also in dieser Situation keine Kontrolle mehr, hatte das Gefühl, ausgeliefert zu sein. Und egal, was ich in dieser Situation gemacht hätte, es hätte mit dem Tod enden können.«

Die Situation löste sich schließlich auf und das Auto fuhr zurück ins Lager. Kaufmann aber erlebt diese Situation seitdem immer wieder. »Dieses Ausgeliefert- und Hilflossein ist das, was mich bis heute beschäftigt. Lautstärke, Enge und tatsächlich Menschen mit dunkler Hautfarbe lösen bei mir auch heute noch teils panische Ängste aus.« Es ist einer von Kaufmanns Triggermomenten, wenn er sie erlebt, ist er sofort wieder in dem Auto und hat Todesangst.

ES GEHT BERGAUF – ABER DER GIPFEL IST NOCH WEIT

Seit seinem Zusammenbruch 2014 hat sich der Stabsfeldwebel in Therapie begeben. Anfänglich mit der Diagnose Überlastungsdepression, das Thema Einsatzschädigung war zu diesem Zeitpunkt kein Thema. Erst 2020 kam das Thema zur Sprache und wurde dann genauer betrachtet. Inzwischen ist Kaufmann auf einem guten Weg, wie er selbst sagt: »Ich merke ganz klar, dass ich mich zum Positiven verändert habe, dass ich mich mehr öffnen kann – auch Fremden gegenüber, aber eher noch Soldaten, weil da das Verständnis da ist. Zwei Schritte vor, einer zurück – es geht also deutlich nach vorn.«

Dabei hilft ihm vor allem die Tatsache, dass er bereits so lange Zeit in derselben Einheit Dienst tut. Für ihn ist Vertrauen die Basis für die Zusammenarbeit und nur so kann er auch mit einem guten Gefühl zum Dienst fahren. Er braucht Konstanten in seinem Alltag, mit Veränderungen tue er sich schwer. Dennoch gebe es auch Tage, an denen er nicht positiv nach vorn schaut, wie er zugibt: »Also ich hatte auch mal Tage, an denen ich gedacht habe, jetzt fährst du vor die Leitplanke, dann musst du nicht zum Dienst. Ich wollte mich nicht umbringen, aber ich wollte mich so verletzen, dass ich nicht zum Dienst muss.«

Nichtsdestotrotz sei er auf einem guten Weg – die Kameraden in seiner Einheit würden ihn sehr gut unterstützen. Er sei gut eingebunden und habe auch jeden Tag Aufträge, die er erledigen kann. »Ganz einfach ausgedrückt: Ich bin jeden Tag da und dann schauen wir mal, was kommt. Beispiel: Morgen fahre ich Verpflegung. Das weiß ich seit letzter Woche. Das geht schon. Wann immer etwas sehr kurzfristig erledigt werden soll, wird das mit mir besprochen, ob ich das erledigen kann. Im normalen Dienstalltag bin ich unterstützend für den Spieß tätig oder kümmere mich um mich selbst, will fit werden in Körper und Geist. So gehe ich zum Beispiel schwimmen mit einem alten Kameraden, den ich schon lange kenne und mit dem ich auch im Einsatz war.«

»
MEINE KOMPANIE IST WIE EINE FAMILIE.
«

STIEFMÜTTERLICH BEHANDELT – VERSEHRTE IN DER BUNDESWEHR

Das Thema Versehrte werde immer noch sehr stiefmütterlich behandelt, so der 46-Jährige. Auch würden die betroffenen Kameraden nicht gut in den Dienstalltag integriert. Das sei in anderen Armeen deutlich besser. Zudem sieht er Nachholbedarf in der Führerausbildung. Die Sensibilisierung von Soldaten mit Führungsverantwortung sei wichtig, denn die Fähigkeit zu erkennen, dass ein Soldat möglicherweise einsatzgeschädigt ist, die gelte es zu entwickeln, meint Kaufmann.

Betroffenen Kameraden, die sich noch nicht getraut haben, sich helfen zu lassen, empfiehlt er: »Du musst dir selbst eingestehen, dass du Hilfe brauchst. Lass dich darauf ein, egal, was passiert. Und wenn es statusrechtliche Konsequenzen hat, dann ist es halt so. Denn eine Frage sollte sich jeder Betroffene stellen: Was ist denn wichtiger? Die Gesundheit oder das Geld jeden Monat?« Der Dienstherr habe in den letzten Jahren durchaus aufgeholt, was Versorgung und Weiterverwendung angeht, so Kaufmann weiter. »Ich kann junge Soldaten gut verstehen, die sagen, dass sie warten wollen, bis sie es zum Berufssoldaten geschafft haben – aber bis dahin kann sich der psychische Zustand stark verschlechtert haben und es dauert noch länger, die Angelegenheit aufzuarbeiten.«

Seit 2006 geht der Stabsfeldwebel nun seinen Weg – immer an seiner Seite ist dabei seine Ehefrau. »Ohne sie hätte ich den Weg nicht eingeschlagen. Wir sind jetzt 15 Jahre verheiratet, haben uns nach dem Einsatz kennengelernt und kurz danach geheiratet. Wir haben uns geschworen, in guten wie in schlechten Zeiten zusammenzustehen, und das ist uns bislang gelungen. Sie kennt mich also mehr oder weniger nur krank oder kaputt und steht zu mir.«

INVICTUS GAMES
SYDNEY 2018

FOR OUR WOUNDED WA

PRESENTED BY

Die Teilnahme an den Invictus Games half Stabsfeldwebel Jens Ruths bei der Bewältigung seiner Einsatzschädigung.

SPORT IST DIE BESTE MEDIZIN

Intensives Training hat Jens Ruths wieder dienstfähig gemacht

Stabsfeldwebel Jens Ruths begrüßt uns am Eingang seines Kompaniegebäudes. Ein typischer Heeressoldat, Mitte 40, gepflegter Bart, bordeauxrotes Barett und sportliche Figur. Erst beim Gang die Stufen hinauf fällt auf, dass seine Bewegungen etwas steif wirken.

In seinem Büro trägt eine Schaufensterpuppe seine damalige Unform. »Die Hose ist eine andere. Von der anderen war nicht mehr viel übrig«, sagt er mit einem Lächeln auf den Lippen. Er präsentiert zwei große Kisten, in denen er unzählige Bilder vom Einsatz, Ausschnitte und Titelseiten von Zeitungen, aber auch den umfangreichen Schriftverkehr mit Ärzten, Vorgesetzten und dem Verwaltungsapparat der Bundeswehr gesammelt hat. Es ist die Dokumentation der Geschichte seiner Verwundung und ein gewichtiger Teil seines Lebens bei der Bundeswehr.

Sie haben 1999 Ihren linken Unterschenkel im Kosovo-Einsatz verloren. Wie ist das passiert?
Bei einer Patrouille sollten wir eine Gedenkstätte überprüfen und uns einen Eindruck von der Lage im albanischen Grenzgebiet verschaffen. Wir wussten damals, dass die Lage unsicher ist und es auch kritisch werden kann. Deswegen hatte man für uns auch einen Hubschrauber reserviert, falls ein Ernstfall eintreten sollte.

Wir sind damals so hoch wie möglich mit den Fahrzeugen gefahren. Dann ging es zu Fuß nochmal 700 Höhenmeter bergauf. Wir haben dort die Gedenkstätte begutachtet und sind dann bergab einen Pfad heruntergekommen. Unten sollten wir noch eine Höhle inspizieren, da dort ein Waffenversteck vermutet wurde. Auf diesem Pfad sind wir dann in ein Minenfeld hineingelaufen. Das hatten wir auch erkannt, da waren eine, zwei, drei Sprungminen. Die hatten wir gesehen und der Brigade gemeldet. Absicht war es, diese Minen durch eine Sprengung zu entschärfen.

Beim Tritt auf eine Mine während eines Patrouillengangs im Kosovo 1999 wurde dem damaligen Stabsunteroffizier Jens Ruths der linke Unterschenkel abgerissen. Heute ist er Stabsfeldwebel und Truppenversorgungsbearbeiter (TVB) der Sanitätseinheit im hessischen Pfungstadt. Ihm ist es ein echtes Bedürfnis, seine Geschichte zu erzählen, um auf die Versehrten im Heer aufmerksam zu machen.

Mein Zugführer ist dann nochmal mit einem Verbindungsoffizier runter zu einer demontierten Mine, die er für das Minenmuseum Aachen fotografieren wollte, und ist dabei auf eine unerkannte Mine draufgetreten. Die Mine ist detoniert. Er ist dann einfach umgefallen. Dann ging die Rettung los. Ich war damals als ranghöchster Pionier vor Ort und bin mit dem Arzt da runter. Meinen Zugführer haben wir entsprechend versorgt. Ihm war der linke Unterschenkel durch die Mine abgerissen worden.

Parallel zu den Erste-Hilfe-Maßnahmen forderten wir den für uns reservierten Helikopter an. Der kam auch, hatte aber leider kein Rettungsgeschirr dabei. Sprich: Wir konnten keine Höhenrettung machen, sondern mussten den Hubschrauber irgendwo landen lassen und den Kameraden da rausholen. Wir wollten ihn mit dem Bergetuch abtransportieren und mit vier Mann den Pfad runtertragen. Ich bin dann – ich vermute das – beim dritten, vierten Schritt in die Grünfläche reingekommen und selber auch noch auf

Eine Patrouille im albanischen Grenzgebiet wurde für zwei Soldaten zur Katastrophe. Zuerst verlor der Zugführer in einem Minenfeld einen Unterschenkel. Jens Ruths versorgte ihn, und einen Moment später passierte ihm genau dasselbe.

eine bis dahin unerkannte Mine getreten. Dabei habe ich meinen linken Unterschenkel verloren und multiple Einsprengungen im gesamten Körper erlitten.

Das Einsatzweiterverwendungsgesetz wurde erst zehn Jahre nach Ihrem Unfall verabschiedet. Verwundung und Einsatz waren bis zum Afghanistan-Krieg kaum in der Öffentlichkeit präsent. Welche Erfahrung konnten Sie persönlich mit der Versorgung von Versehrten machen?

Zur Zeit meines Unfalls 1999 gab es noch überhaupt kein Gesetz. Man hat mir damals ganz klar gesagt: Ein Soldat mit 50 Prozent Schwerbehinderung ist zunächst einmal zu entlassen. Das war damals einfach so. Also für mich waren das quasi zehn Jahre Kampf, um in der Bundeswehr zu bleiben. Obwohl der Unfall in Uniform passierte, wollte man mich immer wieder rausschieben und mich so ein bisschen in die Angestellten- oder Beamtenlaufbahn reindrängen.

» I AM THE MASTER OF MY FATE. «

Es hat viel Mühe und Kraft gekostet – nicht nur meinerseits, auch durch andere Kameraden – zu bewirken, dass dieses Weiterverwendungsgesetz 2009 in Kraft treten konnte. Ich bin tatsächlich drei Monate, bevor es verabschiedet wurde, aufgrund dieses Gesetzes zum Berufssoldaten ernannt worden.

Bei diesem langen Kampf wurde ich damals sehr durch meinen Vater unterstützt, der selbst schon aufgrund eines Betriebsunfalls Frührentner war. Er hat das mit seinem Sohn nicht so ganz verkraftet. Im Nachhinein sage ich, dass er dadurch so ein bisschen PTBS bekommen hat. Mein Vater hat sich vor mich gestellt wie ein Bär und für mich die Hebel in Bewegung gesetzt. Denn man hatte mir immer schon gesagt: »Herr Stabsunteroffizier, Sie sind dem Dienstherrn verpflichtet. Denken Sie daran, was Sie sagen.« Das wirkt auf einen jungen Kameraden schon etwas einschüchternd. Bei meinem Vater war das halt anders. Mein Vater war das auch komplett egal, ob da der Inspekteur gesessen hat oder sonst ein General. Für ihn war zum Beispiel der General Müller eben der Herr Müller. Der Dienstgrad spielte einfach keine Rolle. Er war auch in Wortwahl und Ton dementsprechend freier.

Das hat viel Gegendruck erzeugt, aber es gelang meinem Vater auch, bis in den politischen Raum hinein Gehör zu finden. Ein Beispiel dafür war der Bundesabgeordnete Walther Hoffmann, der extrem viel mitgearbeitet hat. Dann kamen Abgeordnete aus dem Verteidigungsausschuss. So ist Stückchen für Stückchen das Rad in Bewegung gekommen. 1999 war eben noch gar nichts geklärt und wir mussten uns das alles hart erkämpfen.

Sie teilen Ihren Tag zwischen Ihrer dienstlichen Tätigkeit und Sport auf. Welche Bedeutung hat der Sport in Ihrem Leben?
Es ist grundsätzlich so: Ich bin quasi von morgens bis mittags in der Dienststelle, um meinen logistischen Auftrag zu erfüllen. Danach habe ich den großen Vorteil, dass ich ins Homeoffice gehen und dort meinem Sport nachgehen kann. Meine sportliche Betätigung ist für mich sehr wichtig. Dadurch, dass mir eine Gliedmaße fehlt, ist mein Körper, auch mit der Prothese, unausgeglichen. Durch Sport kann ich das zumindest etwas ausgleichen. Es wird immer ein Problem sein, wenn man eine Prothese hat, weil diese Fehlbelastung in den Rücken reingeht und zu Schmerzen führt. Dem kann man mit Sport zum größten Teil entgegenwirken. Und soweit hilft mir der Sport.

Wie bin ich zum Sport gekommen? Früher als Fallschirmjäger, oder genauer als Luftlandepionier, war ich sportlich aufgrund des Dienstes. Der Unfall hat mich da natürlich um einiges zurückgeworfen. Leider Gottes hatte ich zunächst eine falsche Prothesenversorgung. 2017, also eine lange Zeit nach meiner Verwundung, bin ich in Warendorf vorstellig geworden, weil ich einfach keine Physiotherapie mehr bekam und man sagte, du brauchst keine mehr, du bist austherapiert.

In Warendorf sprach damals der Oberstarzt von einer Nachamputation – sprich die Wegnahme bis auf Kniehöhe – und da sagte ich dann: »Also nee, Leute, dann bleibt das so, wie es ist.« Ich konnte damals nur 500 Meter gehen und das war's. Also bin ich dann immer mehr zur »Couch-Potato« geworden und habe mehr als ein paar Kilo zugenommen.

2017 ist nochmal eine neue Prothesenversorgung angelaufen. Ich habe dann wieder Spaß am Sport gefunden und dadurch hat sich das eine oder andere ergeben. Schließlich wurde ich für die Invictus Games 2018 nominiert und durfte als Teilnehmer starten. Da hat man dann immer mehr Hunger nach Sport und will eben auch herausfinden, was geht.

Grundsätzlich könnte ich mehr Dienst als TVB machen. Aber ich sage ganz klar: Aufgrund meiner Einsatzschädigung brauche ich den Sport. Ich habe vor 2017 keinen Sport und dafür mehr Dienst gemacht. Das ist aber genau falsch, da ich deutlich häufiger krankgeschrieben war. Ich war einfach nicht dienstfähig. Ich hatte immer wieder starke Schmerzen im Rücken und musste daher Medikamente nehmen.

Im Fuß hatte ich auch immer wieder Probleme. Mit der Gewichtszunahme passte die Prothese nicht mehr, das hat meine Probleme weiter verschlimmert. Ich war tatsächlich mehr krank als im Dienst. Mit dem Sport habe ich es hinbekommen, dass ich wieder permanent im Dienst sein kann. Auch wenn das »nur« die Hälfte oder drei Viertel meiner Dienstzeit ist und ich die restliche Zeit Sport treibe und zur Physiotherapie gehe. Zumindest kann ich nun aber wieder kontinuierlich am Dienst teilnehmen.

Sie haben schon an den Invictus Games teilgenommen und werden 2023 in Düsseldorf teilnehmen. Welche Bedeutung haben die Invictus Games für Sie?
Also ich bin da so ein bisschen reingerutscht. Die Invictus Games sind 2014 auf Initiative von Prinz Harry entstanden. Er hat viele Erfahrungen mit Gefallenen gemacht. Als er Afghanistan verließ, saß er mit Einsatzgeschädigten in einem Flugzeug. In dieser Zeit ist bei ihm Betroffenheit erzeugt worden. Dann kam ihm die Idee, zunächst zu den World Warriors Games zu gehen und dann sein eigenes Event, die Invictus Games, zu entwickeln.

Für mich ist der Hauptantrieb für die Teilnahme der Gedanke, dass ich meiner Familie etwas zurückgeben kann. Meine Frau sagt zwar normalerweise immer: »Du bist ein richtiger Gefühlsknochen. Gefühle wie ein Eisklotz.« Man ist jetzt durch den Unfall natürlich ein bisschen abgestumpft. Aber wenn man zu diesen Spielen geht, dieses Flair mitnimmt, die anderen Nationen, die anderen Kameraden sieht, die durchaus viel schlimmer verletzt sind als ich, dann berührt einen das schon sehr.

Ich habe zum Beispiel einen Kameraden kennengelernt, der hat beide Oberschenkel abgenommen bekommen und nur noch einen Arm. Der war bei den Invictus Games als Schwimmer am Start. Der hat ganz klar gesagt: »Ich bin bei 50 Metern noch nie drüben angekommen. Aber da reinspringen und vom Publikum so getragen und bejubelt zu werden, das bringt mir so viel.« Da bekommt man eine Gänsehaut. Das ist es, was die Spiele ausmacht. Es geht gar nicht darum, eine Bestleistung zu erbringen. Es ist einfach nur, um der Familie zu zeigen: Danke, dass ihr mich da hingebracht habt. Danke, dass ich diesen Sport machen darf. Danke, dass ihr hinter mir steht. Denn meine Familie und insbesondere meine Frau standen und stehen mir jederzeit und unermüdlich bei. Das sind für mich die Spiele. Nicht irgendwelche Medaillen.

Das deutsche Team geht auch gar nicht mit dem Anspruch hin, eine Medaille zu gewinnen. Ich glaube, wir haben da in Deutschland einen anderen Anspruch. Bei uns geht es mehr um den Reha-Gedanken. Ich kann diesen Sport ausführen, und weil ich so weit gekommen bin, darf ich an diesen Spielen teilnehmen. Das ist für mich der Schwerpunkt der Invictus Games.

Dankbarkeit ist ein zentraler Begriff. Fehlt Ihnen die Dankbarkeit von Seiten der Bundeswehr für das, was Sie geben haben?
Ich war damals ein junger Stabsunteroffizier, renne in diese Gefahrenzone hinein, um einen Kameraden herauszuholen, um meine kameradschaftliche Pflicht zu erfüllen. Ich habe dafür die Dankbarkeit meines Zugführers bekommen. Ich habe auch von meinem anderen Kameraden die Dankbarkeit erfahren, aber nie von Seiten meines Landes oder der Bundeswehr.

Die Fragen stellte Major i. G. Marco Heß.

Das Schicksal von Jens Ruths ging seinerzeit bundesweit durch die Presse.

Oberstleutnant Nicolas Holz hat den Metall-
bolzen seiner Maschinenpistole, der ihn
verwundet hat, als Andenken aufbewahrt.

DAS SCHLIMMSTE IST NICHT IMMER DER EINSATZ

Auch der Tagesdienst birgt Risiken

Es ist der 5. März im Jahr 2010, nahe Kunduz in Afghanistan. Wie auch in den Wochen und Monaten zuvor führe ich meine Kompanie auf einer Patrouille im südlichen Chahar Darreh. Wir haben das schon so oft gemacht, dass wir ein Gespür entwickelt haben. Wir wissen: Auch heute wird es krachen, wird es zum Gefecht kommen.

Circa 14 Uhr – kurz zuvor war alles friedlich. Es bricht die Hölle los. Eben noch haben Kinder um uns herum gespielt. Eben noch war es ruhig. Jetzt jedoch nicht mehr. Jetzt ist alles anders. Wir stehen im Gefecht – einmal mehr. Wir wissen, was zu tun ist. Die Abläufe sitzen. Wir können uns auf uns, unsere Kampfgemeinschaft verlassen.

ANGESCHOSSEN

Es gibt einen Unterschied zu den Malen davor. Einen Unterschied, den zunächst nur ich selbst bemerke. Etwas ist mit mir passiert. Es fühlte sich wie ein starker Schlag gegen mein rechtes Bein an. Mein Nah-

sicherer überprüft mich: Ich wurde getroffen – Steckschuss im Oberschenkel. Die Lagemeldung macht die Runde: »Den Chef hat's erwischt!«

Das Gelände ist so beschaffen, dass wir »ausweichen«, uns zunächst vom Feind lösen müssen. Der Feinddruck ist so groß, dass ich nicht getragen werden kann. Ich muss selber laufen – zum Glück kann ich noch selber laufen. Zuvor verteile ich Teile meiner Ausrüstung auf meine Soldaten. Das Geschoss, das eben noch fest in meinem Oberschenkel steckte, droht herauszufallen. Ich will es behalten. Ich bin voller Adrenalin. Ich packe es, ziehe es aus meinem Bein, stecke es in die Tasche.

Oberstleutnant im Generalstabsdienst Nicolas Holz hat im Afghanistan-Einsatz Gefechte erlebt und wurde selbst angeschossen. Das alles hat er verkraftet. Verzweifelt wäre er beinahe an Widrigkeiten, denen er sich in Deutschland stellen musste.

> »
> ## ZWEI DIENSTPOSTEN NACH DEM EINSATZ HABEN MICH KRANK GEMACHT. ALBTRÄUME, SCHLAFLOSE NÄCHTE, SELBSTZWEIFEL INKLUSIVE – MITUNTER VERSAGENSÄNGSTE.
> «

Das Deckungsfeuer steht. Wir weichen aus, lösen uns koordiniert vom Feind. Alles läuft. Meine Soldatinnen und Soldaten sind Profis. Wir kennen uns, wir schätzen uns, wir stehen füreinander ein. Auch und gerade, wenn es um alles geht. Auch heute am 5. März 2010.

ÜBERRASCHUNG BEI DER OPERATION

Später werde ich im Feldlager Kunduz operiert. Bei der Operation stellt sich heraus, dass das Metallteil, das in meinen Oberschenkel gedrungen war, gar kein Geschoss war. Es entpuppte sich als ein abgerissener Bolzen meiner Maschinenpistole, die ich umhängen hatte. Sie hat den Schuss aufgefangen und mich so vor einer schwereren Verwundung bewahrt.

Eigentlich müsste ich jetzt zurück nach Deutschland – »repatriiert« werden. Ich will nicht. Ich bin mit meinen Soldatinnen und Soldaten gemeinsam reingegangen. Ich werde auch wieder gemeinsam mit ihnen rausgehen. Ich darf bleiben. Das ist gut so. Meine Frau – daheim mit unseren zwei kleinen Kindern – versteht und unterstützt mich. Sie ist mein Fels in der Brandung.

Zeitsprung – es ist im April 2010. Einsatzende. Wir sind auf dem Rückweg nach Deutschland. Zwischenstopp in Termez/Usbekistan. Wir stehen Spalier: Mit uns im Flieger werden vier gefallene Kameraden zurück nach Deutschland gebracht.

DEN EINSATZ GUT VERKRAFTET

Trotz eigener Verwundung. Trotz all dem Erlebten. Ich habe Glück: Keine Albträume. Bis heute – zwölf Jahre danach – keine schlaflosen Nächte wegen des Einsatzes. Mit ihm bin ich im Reinen. Dieses Glück wird leider nicht jedem »Einsatzsoldaten« zuteil. Meine Kompanie, meine Soldatinnen und Soldaten, die ich die Ehre hatte führen zu dürfen – ich bin

Das Steckenpferd von Nicolas Holz ist die Innere Führung, für deren Weiterentwicklung er Beiträge schreibt.

davon überzeugt, dass sie dazu beigetragen haben, dass der Einsatz für mich so gut ausgegangen ist. Ich bin stolz auf sie. Sie haben meine Hochachtung. Ich werde sie nie vergessen, werde immer für sie da sein.

Nach dem Einsatz werde ich zum Generalstabsdienstoffizier ausgebildet und seither auf verschiedenen Dienstposten in Deutschland verwendet. Und hier – im tiefsten Frieden – geschieht das Unerwartete. Was mir zuvor trotz Gefechtserlebnissen und unmittelbarer Lebensgefahr erspart geblieben ist, tritt nun ein. Mit zwei Dienstposten sind Erlebnisse verbunden, die dazu führen, dass mich Albträume und schlaflose Nächte plagen. Ich bin kurz davor, die Jacke auszuziehen und meinem Traumberuf endgültig den Rücken zu kehren.

Nach reiflicher Überlegung habe ich mich jedoch entschieden zu bleiben. Unterm Strich überwiegt für mich das Gute an meinem Verständnis vom Soldatsein in der Bundeswehr und die Erkenntnis, dass mit dem richtigen Team alles möglich ist – auch gegen widrige Umstände und in persönlich harten Zeiten.

Seither widme ich mich verstärkt der Inneren Führung und bringe mich mit eigenen Beiträgen und Veröffentlichungen in deren Weiterentwicklung ein.

Der Arbeitsschwerpunkt von Stabsfeldwebel Jens Markus Rehn liegt nun
auf Beratung und Ausbildung.

NACH VORNE SCHAUEN

Es kam alles anders als erwartet

Als ich im Jahr 2001 meinen Dienst beim mittlerweile aufgelösten Panzergrenadierbataillon 12 in Osterode im Harz als Unteroffizieranwärter antrat, konnte ich mir nicht vorstellen, dass sich mein Leben durch meine Berufung, Soldat zu sein, so nachhaltig ändern würde. Meine Dienstzeit begann kurz nachdem Al-Qaida die Vereinigten Staaten von Amerika angegriffen und die Türme des World Trade Centers zum Einsturz gebracht hatten.

Nach mehreren Truppenpraktika an verschiedenen Standorten der Infanterie fand ich schlussendlich meine militärische Heimat in der 5. Kompanie des Jägerbataillons (JgBtl) 292 in Stetten am Kalten Markt. Eigentlich sollte die Verwendung dort nur eine kurze Stippvisite sein. Die Verwendung als einer der ersten Aufklärungsfeldwebel im Verband – der erste in der Kompanie – und die Möglichkeit, die Teileinheit als Zugführer übernehmen zu können sowie diese aufbauen und an der Konzeption mitzuarbeiten, machten den Standort und die Weiterverwendung für mich sehr attraktiv.

Mit der Zeit entwickelte ich mich zum Experten des gesamten Bataillons für ALADIN (Abbildende Luftgestützte Aufklärungsdrohne im Nächstbereich). Neben dieser konzeptionellen Arbeit bin ich besonders auf die erfolgreiche Teilnahme mit meinem gesamten Zug am französischen Kommandolehrgang stolz. Mit diesem Zug stellte ich auch die Kräfte für NATO Response Force und EU Battle Group. Im Jahr 2009 verlagerte sich auch für unseren Verband die Auftragserfüllung in Richtung Afghanistan-Einsatz.

EINZELABSTELLUNG ANSTATT MIT DEM VERBAND

Die 2./Jägerbataillon 292 war als erste Infanteriekompanie des Bataillons für Kunduz gesetzt, aber es bestand die Möglichkeit, sich freiwillig zu melden,

Stabsfeldwebel Jens Markus Rehn wurde 1981 im Raum Cottbus geboren und ist ausgebildeter Trockenbaumonteur. Für ihn war schon früh klar, dass er Soldat bei der Bundeswehr werden möchte. Er begann seine militärische Laufbahn 2001 als Soldat auf Zeit (SaZ) 4 und Unteroffizieranwärter bei den Panzergrenadieren in Osterode im Harz, bevor er in die Jägertruppe wechselte. Er ist verheiratet und hat zwei Kinder. Seit 2022 dient er im Hamburger Modell.

um die offenen Dienstposten zu besetzen. Ich bewarb mich aus dem Selbstverständnis eines Feldwebels direkt. Jedoch wurde ich nicht für unsere Kompanie ausgewählt, sondern für die Schutzkompanie, gestellt durch die Panzergrenadiere aus Bad Salzungen. Hierbei handelte es sich um eine Einzelabstellung und ich wurde als Nachzügler in den Einsatz kommandiert.

Eingesetzt wurde ich als Gruppenführer in der besagten Schutzkompanie. Aufgrund der taktischen Entscheidung des damaligen Kompaniechefs, der einen Zug dauerhaft in Talokan einsetzte, damit sich die Soldaten im Einsatzraum perfekt auskannten, war mein Einsatzort das Gebiet um das »berühmte« Safe House in Talokan. Zu Beginn wirkte dies als eine sehr gute Entscheidung. Immerhin war man etwas abgesetzt von der Kompanie, hatte seinen Freiraum, und das Flair der Kleinstadt hat uns allen sehr zugesagt.

Die Arbeit mit den CIMIC-Teams und unser Aufklärungsauftrag kennzeichneten unseren Einsatz vor Ort. Zu Beginn war alles »schick«, mit der Zeit wurde das sehr beengte Leben dort jedoch anstrengend und belastend. Die Interaktionen mit immer denselben Leuten empfand ich mit der Zeit als schwierig. Für willkommene Abwechslung sorgten zum einen die Kameraden des Versorgungstrupps, zum anderen die raren Besuche des Lagers in Kunduz. Wir fühlten uns dort wie »Dorfkinder in der großen Stadt«. Aber das war gut.

Das für mich in diesem Einsatz prägendste Erlebnis ereignete sich in der Regenzeit im April 2009. Wir wurden durch die Repräsentanten der Stadt Talokan

»Ich bin zurück im Leben.«

und die zivilen Hilfsorganisationen auf ein Dorf aufmerksam gemacht, das durch einen Bergrutsch verschüttet worden war. Dort angekommen sahen wir Bilder des Grauens: Das gesamte Dorf war vom Erdboden verschwunden, überall lagen Leichen herum und die Überlebenden gruben mit bloßen Händen nach ihren Angehörigen. Aus Mangel an schwerem Gerät konnten wir leider auch nicht unterstützen. Dies war für uns alle eine besondere Belastung.

Auch der Tod von vier Kameraden, die bei einem Feuergefecht fielen, war sehr prägend und belastend zu gleich.

Trotz dieser Erlebnisse in Afghanistan, die nach der Rückkehr zu Albträumen und Schlaflosigkeit führten, sowie einer weiteren, für mich unbewusst sehr belastenden Erfahrung während einer Übung mit dem Bataillon in Frankreich verlegte ich Mitte 2010 erneut in den Einsatz. Diesmal mit den Gebirgsjägern im Rahmen des OMLT (Operational Mentoring Liason Team) und erneut als Einzelabstellung.

In diesem Einsatz war ich als Mentor für das gesamte IT-Material des OMLT sowie des afghanischen Kandaks verantwortlich, welches ich ohne Vorgänger und ohne Kenntnisse des gesamten Materials übernahm.

Mein Glück war, dass ich, bevor ich nach Kunduz verlegte, in Kabul die Ausbildung an den Geräten genießen durfte. Durch das unbekannte Material – auch für meine Teammitglieder – hatte ich auch in

diesem Einsatz die Doppelbelastung Auftrag und Ausbildung. Dies führte zu einer hohen körperlichen Belastung mit wenig Schlaf.

Der Auftrag war vielseitig und fordernd, hat mir aber gezeigt, dass unsere Ausbildung im Vorfeld eines Einsatzes und im Allgemeinen sehr gut ist. Jedoch muss ich schon sagen, dass der Umgang der afghanischen Soldaten mit der eigenen Bevölkerung und auch untereinander sehr gewöhnungsbedürftig für mich war. Die unzähligen Einsätze mit der ANA zeigte sehr deutlich, dass die Menschen in Afghanistan zu diesem Zeitpunkt in vielen Bereichen des Landes noch sehr stark durch die Taliban beeinflusst waren.

Es war leider kein Einzelfall, dass Menschen, mit denen wir an einem Tag sprachen, am nächsten Tag nicht mehr da waren.

Dies sprach sich schnell herum und erschwerte unsere Auftragserfüllung. Allerdings war auch der bundeswehrinterne Informationsfluss eine große psychische Belastung. Während dieses Einsatzes gab es nicht *das* Ereignis, sondern immer wieder welche, die ich vor Ort als gegeben und nicht belastend wahrgenommen hatte. Zu sehr hatte ich mich an die Gegebenheiten im Einsatz gewöhnt.

In meinem zweiten und letzten Einsatz fiel ein Kamerad durch einen Selbstmordattentäter.

Fünf gefallene Kameraden sowie unzählige und prägende Ereignisse waren das Ergebnis meiner zwei Einsätze. Die Seele eines Menschen – meine Seele – hat all das gespeichert. Rückblickend kann ich heute sagen, dass mich die Einsätze menschlich verändert haben.

»Nach vorne schauen ist mein Lebensmotto.«

»In der Natur kann ich abschalten und schlechte Gedanken verarbeiten.«

MEIN STEINIGER WEG

Ein erneuter Einsatz in Afghanistan mit dem Verband wurde Anfang 2011 durch den damaligen Kommandeur mit den Worten abgelehnt, dass zweimal in so kurzer Zeit »ausreichen würde« und im Rahmen der Fürsorgepflicht ein dritter Einsatz nicht vorteil-

haft für mich sei. Daher wurde ich im Team »Heimat« als Ausbilder eingesetzt.

Trotz guter Beurteilungen und Versprechungen seitens meiner Vorgesetzten wurde ich leider nicht zum Berufssoldaten übernommen, und somit begann ich im August 2014 meine Ausbildung beim Zoll. Zu diesem Zeitpunkt befand ich mich voll und ganz im Ultralauf. Ich brauchte das Laufen – das Ultralaufen; 100 Kilometer nur mein Körper unter Dauerspannung und ich. Dies half mir, mich unter Kontrolle zu halten, wie ich heute weiß.

Nach unzähligen Besuchen bei Truppenärzten, inklusive Aufenthalt im Bundeswehrkrankenhaus Ulm, musste ich meine Ausbildung beim Zoll beenden und die restliche Zeit des Berufsförderungsdienstes in meiner alten Einheit dienen. Das war mein Glück.

Der damalige Vertreter des Kompaniefeldwebels hatte gute Kontakte zum Lotsen am Standort Stetten, der zusammen mit dem zuständigen Truppenarzt einen Termin im Bundeswehrkrankenhaus Koblenz vereinbarte. Dort wurde mehr als zwei Jahre nachdem ich meine ersten Symptome während der begonnenen Ausbildung beim Zoll wahrgenommen hatte, die Diagnose PTBS mit Angstzuständen getroffen. Das war 2016.

Der Weg bis zu dieser Diagnose war im wahrsten Sinne des Wortes steinig. Steinig für meine Seele, steinig für meine Ehefrau und meine Kinder und steinig für meine Zukunftspläne. Meine Seele wurde gepeinigt, indem die heftiger werdenden Panikattacken zur Blutdruckregulierung mit Beta-Blockern behandelt – ich sage unterdrückt – wurden.

Meine Ehefrau wurde durch meine Panikattacken und mein Abkoppeln von der Familie gepeinigt, sodass sie mich schlussendlich im Krankenhaus mit den Worten »Macht was, ich kann mit diesem Mann nicht mehr leben« im Krankenhaus ablieferte. Für diesen Mut danke ich ihr noch heute, denn dieser Schritt hat nicht nur mich gerettet, sondern auch unsere Liebe, unsere Ehe.

Meine geplante Zukunft beim Zoll musste ich natürlich aufgeben. Aus der heutigen Perspektive als Soldat im Wehrdienstverhältnis besonderer Art mit der klaren Marschrichtung, Berufssoldat zu werden, hört sich dies natürlich nicht schlimm an, doch das alles war nach Abbruch der Ausbildung nicht so sicher. Dieser Dreiklang an Belastungen war neben den Erfahrungen während meiner Auslandseinsätze, die sich durch die PTBS ausdrücken, der viel zitierte Tropfen, der das Fass zum Überlaufen brachte.

NACH VORNE ORIENTIEREN

Heute, im Dezember 2023, sitze ich als Berater für den Zugführer des Aufklärungszuges in der Kompanieführungsgruppe meiner Fünften in Stetten

> » SCHAUE NIEMALS NACH HINTEN, SONDERN IMMER NACH VORNE! «

am Kalten Markt. Ich bin zwar noch im Hamburger Modell, habe aber dank meiner Kompanieführung ein klares Ziel vor Augen. Ein Ziel, für das ich nicht nur täglich kämpfe, sondern gezielt ausgebildet und gefördert werde.

In gut zwei Jahren soll ich den in der taktischen Beratung für den Kompaniechef entscheidenden Dienstposten übernehmen: Ich soll Kompanietruppführer werden und wäre dann nur noch eine Stufe von meinem Ziel S3-Feldwebel eines Infanterieverbandes entfernt. Damit bin und bleibe ich einer der wichtigsten Berater der militärischen Führung im Verband, dem Jägerbataillon 292.

Feldwebel Sascha Fritzsche vor dem
TPz FUCHS, der sein Leben veränderte.

DAS UNERWARTETE ENDE

Der Einsatz endete im »Einsatz vor dem Einsatz«

Wir sitzen im Besprechungsraum der 4./ Jägerbataillon 292 in der Fürstenberg-Kaserne in Donaueschingen und sprechen mit Feldwebel Fritzsche über die Geschichte seiner Verwundung und seinen Kampf zurück in den Dienst. Ein Kampf, der anders als bei vielen anderen Versehrten im Heer nicht erst nach der Rückkehr aus einem der Einsatzländer der Bundeswehr, sondern schon davor begann.

Das Gespräch beginnt mit seiner detaillierten Erklärung der Verletzungen im rechten Fuß, die er wie folgt darstellt: »Die Brüche meines Fußes wurden mehrfach operativ behandelt. Es waren vor allem die Mittelfußknochen zwei bis vier sowie der Außenknöchel, das Wadenbein, Fersenbein und mein Sprunggelenk gebrochen. Um eine bessere Heilung zu ermöglichen, wurde zunächst ein externer Fixateur installiert, eine Platte auf die Innenseite des Fersenbeins verschraubt und der zweite Strang versteift. Um den Zehen Stabilität zu geben, wurden Spieße und darüber hinaus eine Schraube in den großen Zeh eingeführt. Das sollte es gewesen sein.«

Nach dieser Beschreibung anhand einer Röntgenaufnahme seines Fußes ist es ruhig im Raum. Selbst die mitgereiste Soldatin hat das Fotografieren eingestellt und den Worten des Feldwebels gelauscht.

»Aber wie kam es zu dieser Verletzung?« höre ich mich nach einer gefühlten Ewigkeit fragen.

Feldwebel Fritzsche holt kurz Luft und beginnt seine Geschichte zu erzählen.

»2009 wurde ich aufgrund der Wehrpflicht zur Bundeswehr eingezogen und absolvierte meine Grundausbildung. Im direkten Anschluss, also Ende 2009, wurde ich in die 4./ Jägerbataillon 292 versetzt und habe diese seither nicht mehr verlassen. Begonnen habe ich als Militärkraftfahrer in den Zügen – im Schwerpunkt Transportpanzer (TPz) Fuchs.

Feldwebel Sascha Fritzsche ist S6-Feldwebel der 4. Kompanie des Jägerbataillons 292 in Donaueschingen und damit Teil der Deutsch-Französischen Brigade. Er ist seit fast sieben Jahren mit einer ehemaligen Soldatin verheiratet und hat drei Kinder, eine Tochter und zwei Söhne. Durch den Bau eines Hauses hat er seinen Lebensmittelpunkt unweit der Kaserne in Donaueschingen. In die Bundeswehr trat er im Jahr 2009 in die Laufbahn der Mannschaften ein. Er leidet nicht nur an PTBS, sondern darüber hinaus auch an täglichen Schmerzen infolge der Verletzung.

> »
> # SECHS MONATE NACH DER ERSTEN OPERATION KONNTE ICH MICH ENTWEDER IM ROLLSTUHL ODER MIT KRÜCKEN BEWEGEN.
> «

Die Kompanie sollte 2012 in den Einsatz nach Afghanistan verlegen und ich war als Kraftfahrer hierfür vorgesehen. Ich durchlief die gesamte Einsatzvorausbildung erfolgreich und trotz der Situation vor Ort freute ich mich darauf, diese Erfahrung mit meinen Kameraden zu machen. Diese Vorfreude fand ein schnelles Ende auf der Abschlussübung 2011, die eigentlich schon beendet war. Wir befanden uns auf dem Truppenübungsplatz in Bergen und die Fahrzeuge sollten betankt werden. Zunächst wurde mein TPz Fuchs betankt. Der andere Kraftfahrer aus dem Zug war mein Vorläufer. Im Anschluss wollten wir den Fuchs des Kameraden betanken, sodass ich

selbstverständlich sein Vorläufer war. Der Tankvorgang wurde feldmäßig durch die französischen Streitkräfte organisiert und koordiniert. Auf dem Weg zur Betankungsstelle ließ ich an einer Kreuzung einen Krankenwagen (KrKW) durch, und dies löste die Geschehnisse aus, die ich allerdings nur durch Erzählungen meiner Kameraden wiedergeben kann. Ich wurde nämlich durch den Truppenarzt, der vor Ort war, ruhiggestellt und verlor das Bewusstsein.

Der Kraftfahrer muss für einen Bruchteil einer Sekunde unaufmerksam gewesen sein, erfasste mich mit dem linken Vorderreifen und überfuhr meinen rechten Fuß inklusive des Beins. Wahrscheinlich unter Schock stehend, öffnete der Kamerad die Fahrertür, schaute nach mir, sah mich nicht und dachte, dass ich wohl noch unterm Rad liegen würde. Daher setzte er zurück und überrollte mich erneut. Weitere Kameraden vor Ort leisteten sofort Erste Hilfe. Mein Glück im Unglück war, dass ich den KrKW durchgelassen hatte, dessen Besatzung den Unfallhergang daher miterlebte und wenige Augenblicke nach dem Unfall vor Ort war. Die Anwesenheit eines Arztes und dessen sofortige Behandlung hat mir, im Nachhinein betrachtet, wohl mein Bein und meinen Fuß gerettet. Der Arzt nahm durch einen gezielten Schnitt den gesamten Druck heraus und leitete die Behandlung ein. Noch nach der vierten Operation war mein Fuß so weit geöffnet, dass man tief hineinschauen konnte: Es waren Knochen, Blutgefäße und Nerven deutlich sichtbar.

Die einzige Erinnerung, die ich persönlich an diesen Unfall habe, ist die Situation im Krankenhaus, wo ich mehrere Unterschriften leisten musste. Heute weiß ich, dass dies die üblichen Einverständnis- und Haftungsausschlusserklärungen für die bevorstehende erste Operation waren. Wirklich aufgewacht bin ich erst nach der Operation im Krankenhaus in Unna. Dort konnte ich dann auch zum ersten Mal seit dem Unfall wieder bewusst meine Umgebung wahrnehmen. Sechs Monate nach der ersten Operation konnte ich mich entweder im Rollstuhl oder mit Krücken bewegen. Die Krücken konnte ich allerdings nur für kurze Wege nutzen.

ES MUSS WEITERGEHEN

Nachdem ich wieder einigermaßen dienstfähig war, wurde ich zunächst im Kompanietrupp und im Team Hotel eingesetzt. Team Hotel deshalb, weil die Kompanie und der Verband zu diesem Zeitpunkt im Einsatz in Afghanistan waren. Auch wenn ich meinen Dienst weiterhin aus Überzeugung täglich antrat und meine Aufträge erfüllte, wurde mir von vielen Seiten mehr oder weniger deutlich vermittelt, dass mit dieser Verletzung eine Weiterverpflichtung oder gar ein Wechsel in die Laufbahn der Feldwebel undenkbar sei. Daher habe ich diesen Antrag, obwohl ich wusste, dass der Dienstposten S6-Feldwebel in meiner Vierten nicht besetzt war, mindestens zwei Jahre lang nicht gestellt. Wesentliche Gründe hierfür waren, dass mir seitens der Truppenärzte meine Jägertauglichkeit aberkannt wurde und die Aussage

»Meine Verwundungen am Röntgenbild erklärt.«

aus Richtung Stab, dass meine Anträge aufgrund der Behinderung in Köln beim Bundesamt für Personalmanagement der Bundeswehr nicht bearbeitet bzw. abgelehnt werden würden. Eine Tauglichkeit, die nicht nur für einen Feldwebeldienstposten in einem Jägerbataillon relevant ist, sondern auch für die fachliche Tätigkeit des S6-Feldwebels in der Kompanie. Durch den persönlichen Einsatz der Kompanieführung wurde mir die Stabsdiensttauglichkeit zuerkannt, sodass ich zumindest als Mannschaftssoldat als SaZ15 in der Kompanieführungsgruppe dienen konnte. Diese Tauglichkeit war entscheidend dafür, dass ich mit der uneingeschränkten Unterstützung meiner Kompanie eine Verlängerung meiner Dienstzeit bekam. Und dafür bin ich nicht nur unendlich dankbar, weil mir ansonsten das Folgende nie passiert wäre, sondern weil ich mich so ohne Druck und Zukunftsangst auf meine Genesung konzentrieren konnte. Dies war schon schwer genug, da sich parallel auch eine PTBS mit Angstzuständen entwickelte. Diese wurde mit einer Therapie mittlerweile so weit unter Kontrolle gebracht, dass ich damit gut leben kann.

Ein kurioser Zufall führte dazu, dass ich mich auf Auslandsverwendungsfähigkeit für einen Einsatz in Mali untersuchen lassen sollte. Dies machte mich stutzig, und ich bat meinen Kompaniechef, mich stattdessen auf Tauglichkeit als S6-Feldwebel untersuchen lassen zu dürfen. Gesagt, getan. Bei der Untersuchung überprüfte der zuständige Truppenarzt sämtliche medizinischen Vorschriften und fragte am Ende: ›Kannst du Kampfstiefel tragen?‹ Dies konnte ich bejahen und so erhielt ich meine Eig-

nung. Das anschließende Bewerbungsverfahren war, um es auf den Punkt zu bringen, lediglich ein administrativer Akt. Seit Dezember 2022 bin ich nicht nur Feldwebel, sondern werde als S6-Feldwebel meiner 4./292 verwendet und bin für diesen Dienstposten fachgerecht ausgebildet.«

DIE LÜCKE IM EINSATZWEITER-VERWENDUNGSGESETZ

Das Einsatzweiterverwendungsgesetz definiert den Einsatzgeschädigten als Soldaten, der »nicht nur geringfügig gesundheitliche Schädigungen durch einen Einsatzunfall« erlitten hat. Und dies ist für Feldwebel Fritzsche die Herausforderung in seiner Laufbahn.

»Für mich ist die Änderung dieses Aspektes im Gesetz ein Herzensanliegen. Auch wenn ich die Verwundung nicht im Auslandseinsatz erfahren habe, so doch in der Ausübung der Vorbereitung für den Einsatz. Natürlich habe ich eine anerkannte Wehrdienstbeschädigung, aber ich hatte weder eine offizielle Schutzzeit noch ein Wehrdienstverhältnis besonderer Art oder die Möglichkeit, trotz meiner geminderten Erwerbsfähigkeit in das Dienstverhältnis eines Berufssoldaten übernommen zu werden. Natürlich möchte ich nicht ausschließlich deswegen Berufssoldat werden, sondern aufgrund meiner Leistungen. Ich bin aber der Meinung, dass die Bundeswehr uns, die die Schädigung im Dienst oder in der Vorbereitung zur Verlegung in den Einsatz erlitten haben, ebenso stützen und unterstützen sollte«.

Marvin (links) hat seinen Bruder, den Offizieranwärter Pascal, während dessen Krankheit stets begleitet und unterstützt. Heute sorgt er für die nötige Motivation beim Sport. Die beiden leben in einer gemeinsamen Wohnung.

EIN LANGER WEG ZURÜCK INS LEBEN

Über vier Jahre hat es gedauert, bis Pascal wieder ein normales Leben führen konnte

Ursprünglich wollte ich Offizier werden, in München Kommunikations- und Informationstechnik studieren und nach der Dienstzeit in dem Bereich arbeiten. Einerseits wollte ich mich bei der Bundeswehr als Person weiterentwickeln, andererseits mich selbst herausfordern.

Es sollte anders kommen: Am 19. Juli 2017, beim ersten Eingewöhnungsmarsch, erlitten viele Soldaten eine Überhitzung mit dramatischen Folgen. Ich kann mich nicht an den Marsch erinnern. Ich weiß nur, ich wachte im Krankenhaus auf, hatte mehrere Schläuche am Körper und sah meine Mutter über mir, die weinte. Ich versuchte mich zu bewegen oder zu sprechen, aber nichts ging. Ich lag da, ohne zu wissen, wo ich war oder wieso ich hier war. Ich merkte nur: Irgendwas stimmt nicht.

Meine Mutter erzählte mir, ich sei bei dem Marsch umgekippt, hätte im Helikopter gekotzt und sei dann im Bundeswehrkrankenhaus (BWK) Hamburg gelandet, von wo man mich aber wegen meines kritischen Zustands schnell ins Uniklinikum brachte. Dort stellte sich heraus, dass auch ich beim Marsch überhitzt war und ein multiples Organversagen hatte.

Meine Leber und Nieren arbeiteten nicht mehr. Um mich runter zu kühlen, hatte man haufenweise Wasser in mich reingepumpt. Mein Bruder sagte später, ich hätte ausgesehen wie Homer Simpson.

Einen simplen Übungsmarsch sollen 42 Offizieranwärter im niedersächsischen Munster im Juli 2017 absolvieren – kaum drei Wochen nach ihrem Eintritt in die Bundeswehr. Doch für einige von ihnen wird der Marsch zur Katastrophe. Der Fall bewegt die Öffentlichkeit und wird von den Medien ausführlich behandelt. Ein Gutachten wird erstellt. Die tragischen Fakten: Elf Soldaten brechen überanstrengt zusammen, vier von ihnen müssen auf die Intensivstation. Einer von ihnen stirbt an multiplem Organversagen. Ein weiterer kann nur durch eine Organspende eines Familienmitglieds gerettet werden und leidet bis heute an den Folgen dieser Ereignisse. Dieser Soldat ist Pascal, heute 24 Jahre alt. Er beschreibt seinen langen Weg zurück ins normale Leben.

Ohne die Fürsorge seiner Eltern wäre Pascal (rechts) an manchen Stationen seiner langen Krankheit verzweifelt. Seine Mutter Adriana (Mitte) hat ihm durch eine Organspende wieder ein normales Leben ermöglicht.

VERGEBLICHE HOFFNUNG AUF SCHNELLE BESSERUNG

Ich bin Berliner. Meine Eltern kamen jedes Wochenende zu mir nach Hamburg. Einmal in der Woche kam mein Bruder vorbei, er war damals bei den Fallschirmjägern in Seedorf und durfte mich in seiner Dienstzeit besuchen. Ansonsten wollte ich nur die Wand anstarren. Ich konnte mich nicht bewegen,

weil überall Schläuche hingen und meine Muskeln komplett weg waren. Erst nach fast zwei Monaten nahm ich wieder mein Handy in die Hand, was mir etwas Abwechslung und meinen Fingern Bewegung verschaffte.

Ich hatte da immer noch die Hoffnung: Es ist nicht viel passiert, morgen geht es mir besser, nächste Woche bin ich wieder zuhause. Aber es ging immer zwei Schritte vor, drei Schritte zurück. Es wurde Wasser in der Lunge gefunden, eine Punktion gemacht und dabei der Darm verletzt. Ich bekam ein Stoma, einen künstlichen Darmausgang.

Reden war auch nicht möglich – klar, wenn man eine Röhre im Hals hat. Ich wurde über einen Kehlkopfschnitt langzeitbeatmet. Dadurch verloren auch meine Stimmbänder ihre Kraft. Ich konnte nur mittels Stifts und Papier oder durch Zeichensprache kommunizieren. So ging es auf und ab. In der Physiotherapie lernte ich langsam, wieder aufrecht ohne Hilfsmittel zu sitzen, und leichte Sprachübungen halfen mir, wieder einzelne Wörter zu formen.

VON EINEM KRANKENHAUS INS ANDERE

Ende November 2017, nach über vier Monaten Intensivstation, entschloss man sich, mich ins BWK nach Berlin zu verlegen. Dort konnten mich zum ersten Mal meine Freunde besuchen. Anfangs ging es mir ganz gut, aber dann verschlechterte sich mein Zustand wieder. Da entschlossen sich die Chefärzte, mich ins Virchow-Klinikum der Charité zu verlegen, auch wieder auf die Intensivstation.

Es war inzwischen Dezember. In der Physiotherapie ging es voran: an die Bettkante setzen, mal die Beine baumeln lassen. Langsam, aber sicher konnte ich auch wieder reden. Essen und Trinken ging noch gar nicht, weil alles, was ich aß oder trank, schnell wieder den Weg nach draußen nahm.

Am Heiligabend kam meine Familie zu mir. Am ersten Weihnachtstag gingen die Schwestern mit mir und meiner Familie raus. Ich wurde in einen großen

> »
> # ICH GLAUBE, DA GIBT ES EINIGE, DIE SAGEN: DER NENNT SICH ZWAR SOLDAT, HAT ABER NICHT MAL DIE SECHS KILOMETER LAUFEN GESCHAFFT.
> «

thronähnlichen Stuhl gesetzt und warm eingepackt. Es war für alles gesorgt; man hatte einen Notfallkoffer, eine Sauerstoffflasche und alles Mögliche dabei. So war ich zum ersten Mal seit einem halben Jahr draußen an der frischen Luft.

DIE PSYCHE LEIDET

Körperlich machte ich nun Fortschritte, jedoch ließ die Psyche nach. Es kamen immer öfter die Gedanken: »Wann hört das auf, kann ich jetzt nicht einfach sterben?« Irgendwann entschied sich mein Kopf:

Die Ausbildung von Offizieranwärtern muss herausfordernd sein. Sie darf aber die Pflicht zur Fürsorge nicht vernachlässigen.

Wir wollen diese Wand nicht mehr anschauen. Also funktionierten meine Augen nicht mehr; ich sah nur noch Silhouetten und keine wirklichen Personen mehr.

Dieser Zustand hielt bis ins neue Jahr, und ich bat um psychologische Hilfe. Eine Psychotherapeutin aus dem BWK kam dann regelmäßig zu mir und konnte mir helfen. Sie erkannte schnell, dass es Kopfsache war, dass meine Augen nicht mehr wollten. Weil ich nicht richtig schlafen konnte bei dem ganzen Stress auf der Intensivstation und dem Gepiepse von all den Messgeräten um mich herum, hatte mein Gehirn die Sinnesaufnahme eingeschränkt.

Körperlich ging es mir dafür recht gut. Im April 2018 kam ich auf die Normalstation, wo ich nicht mehr ununterbrochen, sondern in regelmäßigen Abständen kontrolliert wurde. Auch wurden meine Augen stetig besser, weil sie Abwechslung bekamen und ich viel öfter nach draußen konnte. Ich hatte das Sonnenlicht im Gesicht, die frische Luft, hörte die Vögel zwitschern, sah andere Leute. Die Physiotherapie brachte erste große Erfolge, sodass ich die ersten Schritte laufen konnte, wenn auch zuerst nur mit einem Gehwagen. Ich freute mich, endlich wieder Boden unter den Füßen zu haben. Im Mai ging ich das erste Mal in die Rehaklinik nach Bernau. Dort musste ich mich selbstständig im Rollstuhl bewegen, selbst zum Essen und alle drei Tage zur Dialyse fahren – meine Nieren arbeiteten ja immer noch nicht, aber dafür hatte sich meine Leber erholt.

ERNEUTE LEBENSGEFAHR

Im Juli musste ich wieder ins Krankenhaus zur Stoma-Rückverlagerung. Nach der ersten Operation ging die Naht auf, und der künstliche Ausgang musste wieder angelegt werden. Vor der zweiten OP kam die Oberärztin zu mir und eröffnete mir das Risiko, ich könnte während der OP sterben. Ich – inzwischen 19 Jahre alt – konnte nicht mehr. Ich war komplett alleine.

Ich rief meinen Bruder und meinen Vater an, die mich beruhigten. Mein Bruder war zwischenzeitlich in die Nähe versetzt worden und zügig bei mir, und auch meine Eltern kamen. Sie begleiteten mich bis zum OP-Saal, sodass ich so wenig Angst wie möglich haben musste. Zwar war bei früheren Operationen mal eine Narkose misslungen oder ich war beim Aufwachen außer mir gewesen, aber diesmal hatte ich erstmals wirklich Angst.

Die OP lief gut, doch während der Regeneration bekam ich eine Lungenentzündung. Also kam ich wieder auf die Intensivstation, war wieder kurz vorm Exitus und wusste wieder nicht, was mit mir geschieht. Zum Glück ging es mir diesmal nicht psychisch, sondern nur körperlich schlechter. Meine Lunge hatte sich teilweise eingeklappt, ich musste wieder beatmet werden. Eines Tages ging es mir plötzlich schlechter. Bei der Untersuchung stellte sich heraus, dass ich Wasser im Herzbeutel hatte. Ich wurde notoperiert; fast ein Liter Wasser wurde aus meinem Körper gepumpt.

Als ich endlich mit Hilfe eines Spezialisten wieder selbst atmen konnte und alle Wunden bestmöglich abgeheilt waren, schickte man mich von Oktober bis November 2018 in eine so genannte Früh-Reha. Dort bekam ich an den Wochenenden wieder Besuch von meinen Freunden. Im November war ich so fit, dass ich in die Spät-Reha kam, wo man das meiste selbstständig machen muss. Hier musste ich einen sehr langen Weg zurücklegen, um wieder Muskeln aufzubauen, auf die Beine zu kommen und zu laufen.

ENDLICH WIEDER ZUHAUSE

Im Dezember 2019 durfte ich das erste Mal wieder übers Wochenende nach Hause fahren. Von da an ging es mir schlagartig psychisch besser: Ich konnte jedes Wochenende in einem normalen Bett schlafen. Es war zwar etwas stressig, mit dem Rollstuhl durch die kleine Wohnung zu fahren, aber mit Übung ging es.

So war ich eine Zeitlang jedes Wochenende zuhause, in der Woche dann in der Reha und in der Dialyse, und langsam machte ich echte Fortschritte. Inzwischen lief ich an einem Rollator und war nicht mehr auf den Rollstuhl angewiesen. Eine Ärztin bezweifelte, dass ich je wieder normal laufen könne. Das hat mich wütend gemacht und so angespornt, dass ich nach einem Monat nur mit einer Krücke unterwegs war. Es ging mir wirklich besser. Im Juni 2019 hat man dann gesagt: »Es gibt keinen Grund mehr, warum du noch hierbleiben solltest. Du bist so weit selbstständig, dass du gut klarkommst.« Ab da war ich dann ganz zuhause.

Nebenbei war ich immer noch Soldat, zwar mit zwei Dienstjahren, hatte aber nicht viel davon mitbekommen, außer dass ich hin und wieder Besuch von hohen Offizieren wie dem Admiralarzt, dem Generalinspekteur und dem Inspekteur des Heeres bekam. Einmal kam sogar die damalige Verteidigungsministerin von der Leyen, was für ziemlichen Aufwand sorgte. Mein Vater und mein Bruder waren dabei. Auch beim Besuch des Inspekteurs des Heeres war mein Bruder dabei, der damals noch in Seedorf stationiert war. Der Inspekteur fragte ihn, ob er denn nicht näher bei seinem Zuhause und bei mir sein wolle. Zwei Tage später war seine Versetzung zum Kommando Heer in Strausberg durch.

WIEDER KONTAKT ZUR BUNDESWEHR

Noch während der Reha wurde auch ich von meinem ehemaligen Standort Munster nach Strausberg versetzt. Ich war aber noch lange krank zuhause, weil ich immer noch in der Bewegung eingeschränkt war. Ich lief noch an der Krücke und hatte Probleme beim Treppensteigen – und meine Nieren wollten einfach nicht. Dreimal in der Woche fuhr ich für jeweils viereinhalb Stunden zur Dialyse. Die fing mittags an, und wenn ich rauskam, war es schon wieder Abend. Den Tag konnte ich für nichts nutzen.

Psychisch ging es mir gut; ich war zuhause und konnte wieder Zeit mit meinen Freunden verbringen. Wenn ich keine Dialyse hatte, war ich hin und wieder zu Besuch in Strausberg, weil der Inspekteur und mein Abteilungsleiter mich sehen wollten. In der Abteilung, in der mein Bruder schon alle informiert hatte, wurde ich herzlich aufgenommen. Niemand brachte mir Abneigung entgegen, weil ich nur ein Soldat sei, der seinen Eingewöhnungsmarsch nicht geschafft hat. Bis heute hat mich hier niemand ausgelacht oder mich für das, was passiert ist, verantwortlich gemacht.

Das war nicht immer so gewesen: Ein Pfleger im BWK hatte mir unterstellt, ich hätte Drogen genommen, mich am Vorabend des Marsches besoffen, dieses und jenes getan, und es sei meine Schuld, dass ich den Marsch nicht geschafft hatte. Zu dem Zeitpunkt konnte ich noch nicht wieder reden und deshalb nicht widersprechen; ich konnte es nur still anhören. Ein Blick in meine umfangreiche Krankenakte hätte ihm aber zeigen müssen, dass ich zum Zeitpunkt meiner Einlieferung keinerlei Substanzen im Blut gehabt hatte, die so etwas hätten auslösen können. Ich war kerngesund und sportlich fit gewesen. Ich hatte einfach nur Pech gehabt.

EINE NEUE NIERE

Inzwischen hatten wir das Jahr 2020. Ich konnte ohne Krücken laufen und wieder leicht mit Sport anfangen, was besonders meinen fitnessbegeisterten Bruder freute. Da war aber immer noch der Knackpunkt Dialyse. Meine Nieren hatten zwar noch eine Teilfunktion, aber die reichte nicht aus. Also machte man Tests und fand heraus, dass eine Nierentransplantation möglich sei. Ich ging zusammen mit meinen Eltern zum Gespräch in die Charité und erfuhr dabei

Oberstabsgefreiter Pascal bewahrt einen Coin auf, den er vom damaligen Generalinspekteur im Krankenhaus bekommen hat.

überrascht, dass sie und mein Bruder es schon längst als ganz selbstverständlich angesehen hatten, dass ich zu gegebener Zeit eine ihrer Nieren bekommen sollte. Mein Bruder und mein Vater wurden abgelehnt, aber meine Mutter passte. Gegen alle meine Bedenken bestand sie darauf, und so wurden die Vorbereitungen für eine Nierentransplantation getroffen.

Am 28. Januar 2021 war es so weit. Ich war sehr aufgeregt, denn als Erstes kam meine Mutter in den OP. Als sie zurückkam und ich an der Reihe war, wusste ich: Es wird gut werden. Im OP bekam ich eine Maske auf, zählte bis drei und war weg. Als ich langsam wieder aufwachte, hatte ich eine vollständig funktionierende Niere in meinem Körper. Auch meiner Mutter ging es gut. Zwei Wochen verbrachten wir im Krankenhaus gemeinsam in einem Zimmer. Im Februar, rechtzeitig zu meinem Geburtstag, durfte ich wieder nach Hause. Ich musste nicht mehr zur Dialyse und hatte auf einmal viel mehr Zeit! Ab 2022

konnte ich wieder – für mich – normal leben. Ich konnte mehr Sport treiben und auch im Dienst öfter vorbeischauen, wo nun meine Diensttauglichkeit geprüft wurde. Zwischenzeitlich war ich von der Offiziers- in die Mannschaftslaufbahn gewechselt, damit man meine Dienstzeit von ursprünglich vier auf acht Jahre verlängern und mich befördern konnte. Auf dem Papier war ich über vier Jahre Soldat, geleistet hatte ich nur drei Wochen Grundausbildung. Nun wurde ich auf einen Schlag zum Stabsgefreiten und ein Jahr später zum Oberstabsgefreiten befördert. Jetzt bin ich glücklich wieder im Dienst, wenn auch nur in Teilzeit. Meine Offiziersanwartschaft ruht ja nur. Ich hoffe deshalb, dass ich doch noch Offizier werde, mein Studium nachholen und bei der Bundeswehr bleiben kann. Ich fühle mich hier wohl.

Anmerkung: Pascal möchte nicht mit Nachnamen und Dienstgrad genannt werden. Diesem Wunsch haben wir entsprochen.

WAS LEISTET SEELSORGE FÜR DIE VERSEHRTEN?

Theologische und anthropologische Überlegungen des Katholischen Militärbischofs Dr. Franz-Josef Overbeck

Im Katechismus der Katholischen Kirche kommt eine Gewissheit zum Ausdruck, die viele Soldatinnen und Soldaten, die im Dienst an Leib oder Seele verwundet worden sind, jeweils sehr persönlich erfahren haben: »Krankheit und Leiden gehören von jeher zu den schwersten Prüfungen im Leben des Menschen. In der Krankheit erfährt der Mensch seine Ohnmacht, seine Grenzen und seine Endlichkeit. Jede Krankheit kann uns den Tod erahnen lassen.«

Krankheit kann dazu führen, dass Menschen sich aus ihren stabilen Bezügen zurückziehen und isolieren. Daraus folgt nicht selten eine tiefe innere Verzweiflung, die in einem komplexen Zusammenhang steht mit dem Abbruch von vielem, was vormals existentiell Halt zu geben vermochte. Dazu zählen die Beziehungen zu anderen Menschen, aber oft auch die Beziehung zu Gott, die nicht mehr zu tragen scheint.

Auch das Gegenteil kann der Fall sein, dass Krankheit den Menschen reifer macht, ihm den Blick dafür öffnet, was in seinem Leben wesentlich ist. So kann Krankheit auch zur Suche nach Gott, zur Rückkehr zu ihm führen.

Ein Blick auf die vielfältigen Lebensrealitäten und den Umgang mit Krankheit und Leid zeigt, dass beide Perspektiven möglich und ein legitimer Ausdruck menschlicher Existenz sind. Hier kann und darf es nicht um eine moralische Qualifizierung dieser Haltungen gehen, sondern um die Frage, wie wir als Christinnen und Christen Menschen beistehen können und wollen.

KRANKE ZU HEILEN IST NÄCHSTENLIEBE

Das Mitleid Jesu mit den Kranken ist ein offensichtliches Zeichen für sein unbedingtes Ja zu allen Menschen, für seinen bedingungslosen Beistand. Deshalb schließt das Heilshandeln Jesu ganz wesentlich Barmherzigkeit und Vergebung mit ein. Er setzt sich Krankheit und Leid mit all ihren zutiefst menschlichen Bedeutungsfacetten als Mensch aus, weiß um die Dramatik von Ohnmacht sowie Einsamkeit und kennt entsprechend das menschliche Bedürfnis nach Beziehung: »Ich war krank, und ihr habt mich besucht« (Matthäus 25,36).

Die Evangelien lassen keinen Zweifel daran, was unter diesen Gesichtspunkten tätige Nächstenliebe für Jesus bedeutet. Der vielleicht bedeutsamste Dienst am Zeugnis der Christusnachfolge in Gottes gute Herrschaft hinein lässt sich so auch in dem folgenden Imperativ zusammenfassen: »Heilt Kranke« (Matthäus 10,8).

SEELSORGE WILL BEZIEHUNGEN STÄRKEN

Diesem Anspruch verpflichtet, bewog es Christinnen und Christen über die Jahrhunderte hinweg, sich all derer anzunehmen, die körperlich oder seelisch leiden – sei es in der Pflege, in der Begleitung, im Gebet oder in wertschätzender Fürsorge unter Wahrung der Würde der Kranken und Verwundeten. Zu diesem Verständnis zählt auch eine Form der Seelsorge, die über die Begleitung Anteil nimmt und dialogisch einen Resonanzraum schafft, in dem es darum geht, das Menschsein in seiner ganzen Fragilität zu stärken. Denn gerade bei starken Verletzungen und Verstümmelungen ist der Selbstwert von bis dato leistungsstarken Frauen und Männern oft radikal in Frage gestellt.

Christliche Seelsorge handelt aus der Gewissheit heraus, dass Mensch-Sein immer Mit-Sein bedeutet und auf das Mit-Sein angelegt ist. Wir sind keine beziehungslosen Wesen, unsere Einzigartigkeit und Individualität kommt vielmehr gerade darin zum Ausdruck, dass wir sozial miteinander verbunden sind und wissen, dass wir uns nicht uns selbst verdanken. Jeder Mensch ist Person mit der ihr eigenen unveräußerlichen Würde, ist Geschöpf und Abbild Gottes.

Das fasst Papst Franziskus in seiner Botschaft zum Welttag der Kranken sehr pointiert zusammen: »Die Erfahrung der Krankheit lässt uns unsere Verwundbarkeit und gleichzeitig unsere angeborene Abhängigkeit vom anderen erfahren. Unser kreatürlicher Zustand wird dadurch noch deutlicher sichtbar, und wir erfahren unsere offensichtliche Abhängigkeit von Gott. Tatsächlich machen sich, wenn wir krank sind, Unsicherheit, Angst, manchmal Bestürzung, in Geist und Herz breit; wir sind hilflos, weil unsere Gesundheit nicht von unseren Fähigkeiten oder ›all unseren Sorgen‹ (vgl. Matthäus 6,27) abhängt.«

AUF DIE REAKTION DER MITMENSCHEN KOMMT ES AN

Die Unmittelbarkeit in der Auseinandersetzung mit Verletzlichkeit kann für viele Menschen sehr herausfordernd sein, weshalb die Reaktionen und der Umgang von Verunsicherung bis zu Abwendung und Ausgrenzung reichen. Die Identität, das Selbst- und Weltbild des Verletzten geraten dann schnell aus dem Gleichgewicht oder werden gar zerstört.

Diese Reaktionen sind als erste Reflexe auf eine unbekannte Situation ganz menschlich, dürfen aber nicht unser Handeln bestimmen. Gerade hier kann eine anthropologische Vergewisserung auf das helfen, was ich – ganz in der Tradition der katholischen Soziallehre stehend – als Mit-Sein beschrieben habe. Denn auf diesem Mit-Sein und der Unantastbarkeit der Würde eines jeden Menschen in seiner gesamten Verletzlichkeit baut eine freie und menschengerechte Gesellschaft auf.

In diesem Fundament, das für unser Leben in Freiheit unabdingbar ist, kommt auch der Kerngehalt des christlichen Menschenbildes zum Ausdruck. Wie ernst wir es damit meinen, zeigt sich im Umgang mit den Schwachen, Kranken und den an den Rand gedrängten Menschen.

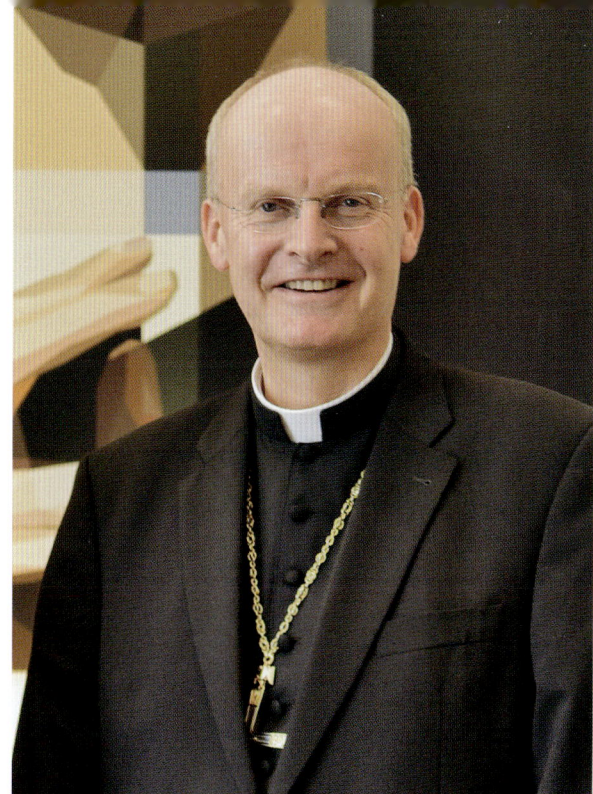

Militärbischof Dr. Franz-Josef Overbeck

DIE KIRCHE ALS »FELDLAZARETT«

Papst Franziskus beschreibt die Kirche als ein »Feldlazarett«, das alle aufnimmt, die vom Leben verwundet wurden. So verstärkt die Kirche ihren therapeutischen Dienst, der dazu befähigt, in der Welt mit widerständiger Menschlichkeit zu handeln. Widerständige Menschlichkeit ist ein starker, aber kein paradoxer Begriff. Menschlichkeit meint Anteilnahme, Achtsamkeit füreinander und konkrete Nächstenliebe.

Wenn unsägliches Leid geschieht und die Menschenwürde mit Füßen getreten wird, dann zeigt sich eine Wahrheit, die sich fast körperlich spüren lässt: Dieses Leid ist unter keinen Umständen zu rechtfertigen. Es lässt uns nicht gleichgültig, weckt den Widerstand unserer Menschlichkeit und führt uns

zum Handeln am Nächsten. Auch vor diesem Hintergrund handelt eine ganzheitliche Seelsorge in dem Bewusstsein, dass Professionalität bedeutet, interdisziplinärer Verantwortung gerecht zu werden.

Seelsorgerinnen und Seelsorger können so auf der Grundlage der unbedingten Liebe Gottes zu allen Menschen tragfähige Hoffnungsperspektiven entwickeln. Ebenso können sie das Bewusstsein dafür schärfen, dass unser Leben nur bedingt planbar ist und Menschen nicht ihren Wert und ihre Würde verlieren, wenn sie ihren eigenen oder von außen vorgegebenen Leistungsmerkmalen nicht mehr entsprechen.

WAHRNEHMEN, UNTERSTÜTZEN, BEGLEITEN

Für Seelsorgerinnen und Seelsorger muss dabei ein Dreiklang aus Wahrnehmen, Unterstützen und Begleiten handlungsleitend sein.

Menschen mit körperlicher und seelischer Verwundung brauchen eine besondere Wahrnehmung und Wertschätzung. Die Begegnung mit ihnen sollte weniger von einem Ausdruck des Mitgefühls als vielmehr von einer offenen und konstruktiv-herausfordernden Mitmenschlichkeit geprägt sein.

Eine gezielte professionelle und menschliche Unterstützung gilt insbesondere für den persönlichen Bereich, der sehr wesentlich auch das Familiäre umfasst. Die Militärseelsorge ist einerseits vor Ort im Alltag gefragt, andererseits aber auch im Anbieten von geeigneten Wochenenden oder ähnlichen Intensivmaßnahmen. Bereits durchgeführt werden u. a. interdisziplinäre Formate im Rahmen des ökumenisch ausgerichteten und von der Evangelischen Militärseelsorge verantworteten »Arbeitsfeldes Seelsorge für unter Einsatz- und Dienstfolgen leidende Menschen« (ASEM).

Von großer Bedeutung ist, dass die Menschen mit seelischen und körperlichen Verwundungen über einen längeren Zeitraum begleitet werden. Begleitung ist immer ein offenes Angebot, das angenommen werden kann, aber nicht muss. Die Art und Weise der Begleitung bestimmt dabei nicht der Begleiter, sondern der zu Begleitende. Seelsorge findet also in einem eigenen, sehr klar definierten Rahmen statt, ist immer einladend und niemals grenzverletzend. Sie ersetzt keine Therapie, sondern ist diesbezüglich komplementär zu verstehen: Ihr Fokus liegt auf dem, was Mit-Sein bedeutet, sie lässt dem Zweifel und der Klage ihren legitimen Raum und stärkt das Bewusstsein dafür, dass die gottgegebene Würde eines jedes Menschen unverlierbar ist und unverlierbar bleibt. Auf dieser Grundlage die Persönlichkeit zu stärken, sodass wieder neues Zutrauen als Mensch gefunden werden kann, ist eine wichtige Aufgabe der Militärseelsorge.

ZUR VERSCHWIEGENHEIT VERPFLICHTET

Militärseelsorgerinnen und Militärseelsorger stehen nicht in der militärischen Hierarchie. Ihre seelsorgliche Schweigepflicht und das Beichtgeheimnis garantieren den Soldatinnen und Soldaten einen vertraulichen und geschützten Rahmen für Gespräche. Mit dem Psychologischen Dienst, dem Sozialdienst der Bundeswehr sowie Ärztinnen und Ärzten stehen sie als Psychosoziales Netzwerk bei Bedarf interdisziplinär zur Verfügung und in Kontakt. Fürsorge gilt dabei nicht nur den Kranken und Versehrten selbst, sondern auch deren Familienangehörigen. Ebenso macht die Militärseelsorge auch denjenigen Angebote, die für die Verletzten und Versehrten sorgen: z. B. dem ärztlichen und pflegenden Personal, oder auch Therapeutinnen und Therapeuten.

Die Seelsorgerinnen und Seelsorger machen Gesprächsangebote, führen bei Bedarf entlastende Auszeiten durch, feiern gemeinsam mit ihnen Gottesdienste oder thematisieren berufsethische Fragestellungen im Lebenskundlichen Unterricht.